# もくじ

- ◆ はじめに／本書の特長と使い方 ………… P.2
- ◆ 参考 もっと知りたい！ 合奏指導の進め方…P.4

### 合奏のよさを

合奏は、最近の子どもたちに、特に育て、ひとつのことを成し遂げていくという「協同性」のための活動として、ピッタリです。特に4、5歳児の子どもたちが「自分たちで作り上げる！」という気持ちになるような指導を心がけましょう。本番に向けて、とても役だつ必須情報が満載です!!　今年の発表会はひと味違うことまちがいなしです!!

| CD曲番号 | 時間 | タイトル | ページ | 目安の年齢 |
|---|---|---|---|---|
| 1 | 00'51" | きらきら星 （はじめてでもできる！ 2〜5歳児年齢別） | 9・11 | 2歳児 |
| 2 | 00'44" | きらきら星 | 9・12 | 3歳児 |
| 3 | 00'43" | きらきら星 | 9・14 | 4歳児 |
| 4 | 00'41" | きらきら星 | 9・16 | 5歳児 |
| 5 | 00'29" | 大きな栗の木の下で | 18 | 2歳児 / 3歳児 |
| 6 | 00'28" | 森のくまさん | 20 | 2歳児 / 3歳児 |
| 7 | 00'34" | はたけのポルカ | 22 | 2歳児 / 3歳児 |
| 8 9 | 01'20" | メリーさんのひつじ | 24 | 2歳児 / 3歳児 |
| 10 | 00'56" | げんこつやまのたぬきさん | 27 | 2歳児 / 3歳児 |
| 11 | 01'35" | おんまはみんな | 30 | 3歳児 |
| 12 13 | 01'15" | みつばちマーチ | 33 | 3歳児 / 4歳児 |
| 14 | 00'56" | 証城寺の狸ばやし | 36 | 3歳児 / 4歳児 |
| 15 | 01'09" | 歓喜の歌 | 41 | 3歳児 / 4歳児 |
| 16 | 01'23" | 聖者の行進 | 44 | 4歳児 |
| 17 | 01'23" | 茶色のこびん | 47 | 4歳児 |
| 18 | 02'48" | オクラホマミキサー〜アマリリス〜オクラホマミキサー | 51 | 4歳児 |
| 19 20 | 01'37" | アイネ・クライネ・ナハトムジーク | 56 | 4歳児 |
| 21 | 01'39" | ボギー大佐 | 60 | 5歳児 |
| 22 | 00'54" | 凱旋行進曲「アイーダ」より | 65 | 5歳児 |
| 23 24 | 02'03" | 春「四季」より | 69 | 5歳児 |
| 25 | 01'51" | ファランドール「アルルの女より」 | 76 | 5歳児 |
| 26 | 02'26" | エンターテイナー | 82 | 5歳児 |
| 27 | 02'01" | 威風堂々 | 88 | 5歳児 |
| 28 | 01'18" | トリッチ・トラッチ・ポルカ | 95 | 5歳児 |
| 29 | 02'15" | カルメン序曲 | 102 | 5歳児 |

( )の楽器でもよい　★＝あれば部分的に使用

- ◆ 楽器の使い方……………108
- ◆ コードの基本と本書に出てくるコード一覧……112

### 附属のCDについて
**指導に役だつカラピアノ**
（もし、どうしてもピアノが無理なら、CDにその部分を任せて、合奏の楽しさを子どもたちといっしょに味わいましょう。）

- 曲の出だしには、わかりやすいようにメトロノームのカウントを入れています。2/4拍子、2/2拍子については、2小節分入っています。
- 曲の長さは、各ページに表示のテンポで演奏した長さです。ご使用のCD再生デッキによっては、曲間を含んだ長さで表示されることもあります。
- 速度表示をしていますが、子どもたちのようすに合った無理のない練習をしてください。

参考 もっと知りたい！
# 合奏指導の進め方
各曲の最初にある「合奏指導の進め方」を詳しく解説しています。

練習の主な流れチェック表（P.4〜8）

## 1 曲決め
### CDを聴いて曲を決めよう!
附属のCDもしくは、ピアノを弾いて聴きながら決めます。曲のイメージを話し合って決めるのもよいでしょう。

**CDの使い方の Point 1　CDの出だしのカウント**
附属CDには、曲の始まりがわかりやすいようにカウントを入れています。カウントは、$\frac{2}{4}$拍子、$\frac{2}{2}$拍子は、2小節分入っています。

**CDの使い方の Point 2　CDだけでも使える!**
合奏のためだけでなく、ふだんの保育の中でも、いろいろな曲を聞いて楽しみ、味わいましょう

## 2 曲覚え
### メロディーを歌って覚えよう!
CDを聴きながらはじめは「ラララ」で歌ってみましょう!歌詞があれば、次に歌詞をうたうとよいでしょう。

**曲覚えの Point 1　ふだんの生活で流そう**
CDを食事時間などに流しておくと、しぜんになじみます。

**曲覚えの Point 2　ぼくもわたしも指揮者ごっこ**
CDを聴きながら、曲に合わせて指揮者になってみましょう。曲のイメージが広がります

**曲覚えの Point 3　4〜5歳児には「ド・レ・ミ」で**
4、5歳児なら、最終的に階名唱にもっていくとよいでしょう。

---

**曲選びの秘訣**
## はじめに知っておこう! イメージしておこう!
### 年齢別の楽器編成と並び方例

曲選びの前段階として、各年齢の楽器編成と並び方を目安に子どもたちができそうな曲をおおよそ選んでおきましょう。各クラスの子どもに合わせて選んでください。

**2歳児**　扱いやすい打楽器を1種類、全員で使います。身近な楽器に興味を示す時期で、音の出るものを振る、たたくなど、音の出る喜びを味わいます。

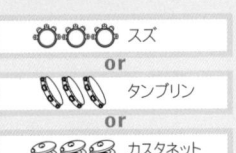

※保育者の顔が見えやすいようになるべく1列に並びます。

**3歳児**　扱いやすい打楽器を分担して部分的に演奏します。音楽（歌）をちゃんと聴き、部分打ちができるようになります。ほかのパートを聴いて自分のときに楽器を鳴らします。

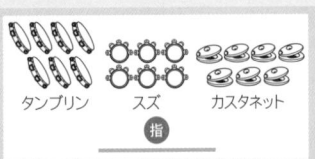

タンブリン　スズ　カスタネット
指

※各曲の楽器の登場順に並ぶのもよいでしょう。

**4歳児**　ほかの打楽器にもふれていきましょう。演奏の幅が広がります。みんなで合奏している意識がわかってきます。

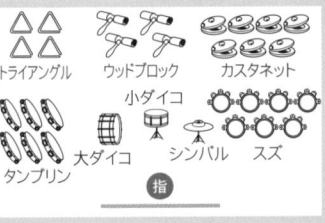

トライアングル　ウッドブロック　カスタネット
タンブリン　小ダイコ
大ダイコ　シンバル　スズ
指

※向かって左側にタンブリン、トライアングル、右側にスズ、カスタネットを配置すると、合図が送りやすいです。

**5歳児**　有音程楽器が加わります。合奏のスケールも大きくなります。クラス全体で力を合わせて合奏をつくり上げていきましょう。ひとつの楽器が欠けてもしあがらないことを話し、ひとりひとりが認識できるようにしましょう。

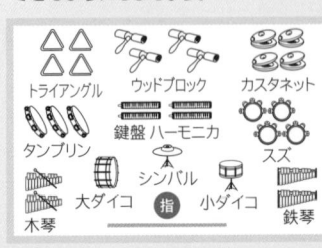

トライアングル　ウッドブロック　カスタネット
タンブリン　鍵盤ハーモニカ　スズ
大ダイコ　シンバル　小ダイコ
木琴　指　鉄琴

※有音程楽器が中央もしくは手前に並ぶとよいでしょう。
※木琴、鉄琴は左右に並んでもよいでしょう。

練習の主な流れ①〜④

- ① **曲決め** CDを聴いて曲を決めよう！
- ② **曲覚え** メロディーを歌って覚えよう！
- ③ **基本のリズム打ち** 基本のリズムパターンを手と足で打とう！
- ④ **楽器に慣れる** 楽器を持ってやってみよう！
- ⑤ **ほかの楽器に慣れる** 楽器を交代して全員が全部の楽器に触れよう！
- ⑥ **有音程楽器** 5歳児は、有音程楽器をやってみよう！
- ⑦ **楽器決め** 自分がやりたい楽器を決めよう！
- ⑧ **部分練習** 曲をいくつかに区切って練習しよう！
- ⑨ **全体練習** 全員で合わせよう！
- ⑩ **しあげ** テンポや強弱なども話し合ってしあげよう！

## 3 基本のリズム打ち
### 基本のリズムパターンを手と足で打とう！

名曲の楽譜から基本のリズムを取り出して、手足で打ってみましょう。バッテリーのリズムを全員が体験しましょう（特に4・5歳児）

例 ① ♩♩♩♩ ② ♩♩♩ のリズムのように（バッテリーのリズム）

※バッテリー(battery)
軍隊が合図や号令用に規定する、太鼓連打のさまざまなリズム形。大太鼓と小太鼓の組み合わせを言う
（音楽之友社『音楽事典』より）

**基本リズム打ちのPoint 楽器の編成をチェック！**
リズムを打ちながら、曲がどのような形で構成されているのか子どもと確認しましょう。
ⒶⒷⒶやⒶⒷⒷⒶなど

## 4 楽器に慣れる
### 楽器を持ってやってみよう！

楽器を持って実際に打ってみましょう。
（楽器の使い方は、P.108〜110）

5〜8は次ページへ

**楽器慣らしのPoint 4、5歳には2種類で！**
4、5歳児なら、2種類の楽器でやってみましょう。

---

**合図出しの秘訣** 🎵 わかりやすい合図出しは、並び方に秘密あり!!

合奏楽譜の打楽器は、バッテリーのリズムを基本にできています。左側に、タンブリンとトライアングルの「トン」グループ、右側に、スズ、カスタネットの「シャン」グループというように並ぶと、保育者も合図を出しやすく、子どもたちもわかりやすいです。左ページのような、本書の並び方を練習時から意識しておきましょう。

左手は「トン」の組ね！右手は「シャン」の組よ！
左手が動いたら、タンブリンとトライアングルよ！
右手が動いたら、スズとカスタネットね！
ほかの楽器の人は、先生の合図（顔）をよく見てね！

 両手のときはいっしょに打つよ！

子どもは先生の手を見るだけで、無理なく楽器を打てます。

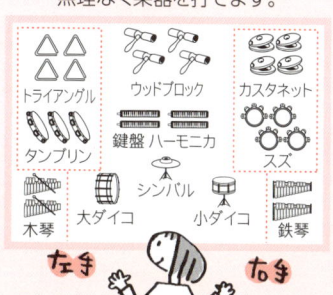

前ページからの続き

### 5 ほかの楽器に慣れる
### 楽器を交代して全員が全部の楽器に触れよう！

いろんな楽器を使い、何回も交代して楽しむようにしましょう。

### 6 有音程楽器
### 5歳児は、有音程楽器をやってみよう！

リズムに乗って楽しめたら、年長は、有音程楽器（鉄琴、木琴、鍵盤ハーモニカ）も全員が体験してみましょう。

**楽器遊びの Point 1　子どもが移動しよう！**
交代の際は、楽器の配置は変えずに、子どもが移動しましょう。

**楽器遊びの Point 2　数が少ないときは**
鉄琴や木琴など、数が少ない楽器の場合は、「次の友達に教えてあげてね」とことばがけをして交代したり、「友達の音を聞いてみようか」などと、ただ待っている子どもがいないようにしましょう。

### 7 楽器決め
### 楽器を十分に体験できたら、自分がやりたい楽器を決めよう！

できるだけ、子どもの自主性を尊重して決めていきましょう。

**楽器選びの Point 1　保育者が子どもの様子を見よう**
子どもの気持ちに寄り添いながら、やりたい楽器がその子にとって難しそうなら、ことばがけをしながら別の楽器にも再度触れる機会をつくり促していきましょう。

**楽器選びの Point 2　不人気の楽器には…**
どうしても目だつ大ダイコに人気が集まりがち。「鍵盤ハーモニカは大切な楽器でしょう？　メロディーがないと曲がわからなくなるよ」などとことばがけして、重要なことを伝えましょう。

**楽器選びの Point 3　楽器のバランスを考えよう**
バランスよく楽器を配分することが大切です。

| 音程のないもの | | 音程のあるもの | |
|---|---|---|---|
| カスタネット | 5 | 鉄琴 | 2 |
| 鈴 | 4 | 木琴 | 2 |
| トライアングル | 3 | 鍵盤ハーモニカ | 4 |
| タンブリン | 4 | | |
| ウッドブロック | 3 | | |
| 大ダイコ | 1 | | |
| 小ダイコ | 1 | | |
| シンバル | 1 | | |

上の表で大ダイコ、小ダイコ、シンバルを除いた楽器はバランスを考え、クラスの人数で配分してください。
※詳しくは各曲の"並び方の例"を参照してください。

参考 もっと知りたい！ 合奏指導の進め方　練習の主な流れ⑤〜⑧

## ⑧ 部分練習
### 曲をいくつかに区切って、少しずつ範囲を広げて練習していこう！

CDをかけながら③で確認したように、部分的に練習していきましょう。

**部分練習のPoint 2　いつも引っかかるところは？**
苦手なところはその数小節を取り出して、繰り返し練習しましょう。途中でストップさせて繰り返すと、子どももわかりやすいです。
「□番は何の楽器だったかな？」→「覚えたね」「繰り返しやってみよう!」と繰り返しましょう。

⑨〜⑩は次ページへ

**部分練習のPoint 3　ペアになるとわかりやすい！**
バッテリーのリズムを意識して、ペアを組むと、子どもたちもわかりやすいです。

**部分練習のPoint 4　テンポは無理せずに**
CDの音が速い場合は、ピアノを弾いて、初めはテンポを遅めにし、ほかのパートも聴くようにしながらまとめていきます。徐々にテンポを上げて、最終のテンポに近づけましょう。

**部分練習のPoint 1　パート別でゆっくりと**
一気に合わせるのは難しいので、CDを流しながらパート別で練習をして確認していきましょう。

### 合奏・基本の心構え
### 合奏を通して、子どもの中で育っていくものとは？

- 合奏は、発表会に向けて、楽器に触れるいい機会です。親しみを持ちましょう！年少、年中、年長と上がってきて、新しい楽器に触れていきましょう！
- 合奏を通して子どもたちはクラスのみんなと気持ちを合わせて、みんなとハーモニー、リズム、メロディーを合わせて演奏する喜びを経験することができます。
- ハーモニーを感じ、フレーズ感、拍子感という音楽の基礎能力を身につけていきます。
- 合奏は、自分が参加して、みんなといっしょに、喜び　達成感　満足感 を共有できます。
- ひとつの楽器が欠けてもしあがらないことを子どもたちに話し、みんなでつくっていく大切さを伝えたいですね。まさに幼稚園教育要領、保育所保育指針にいう、『協同性の育ち』に向かうための活動です！！

7

参考 もっと知りたい！ 合奏指導の進め方　練習の主な流れ⑨〜⑩

## ⑨ 全体練習　全員で合わせよう！

全員並んで合わせていきましょう。

前ページの続き

### ⑩ しあげ　しあげは、テンポや強弱なども話し合ってみよう！

全員で何度も合わせた後のしあげは、テンポや強弱についても話し合ってみると全員の意識がまとまります。

「もう少しゆっくりがいいねー！」

**合わせ練習の Point 1　そのつど、ことばがけしよう**

気になるところは、そのつど、ことばがけをしていきましょう。よいところを褒めると子どもの自信につながります。

**合わせ練習の Point 2　子どもたちの顔がみえるように**

当日の並び方を意識しましょう。並び方はステージの広さによって違ってきますが、子どもたちの顔がきちんと見えるように重ならないように気配りをしましょう。

**しあげの Point　態度も意識しよう**

演奏だけでなくステージに立ったときの態度（キョロキョロしたり、客席に手を振ったりしないよう）に注意して、発表会に臨みましょう。

### ♪ 発表当日 ♪

- 指揮をする場合は、子どもたちが中心なので、あまり目だたないような位置でするよう心がけましょう。
- 保育者が自分のクラスの伴奏をするときは、指揮なしで子どもたちだけで演奏するのもよいです。

### まとめ

急にできるのではなく、**少しずつの体験**、**積み重ね**が大事です。**子どもの意欲**、**みんなでの協力**、**クラスの心がひとつに**なって、最後にまとまり、よりよい表現ができるのだと思います。「子どもたちから楽しかった！」「また合奏しよう！」という声を聞くのを楽しみにしながら、発表会に向かっていきましょう。

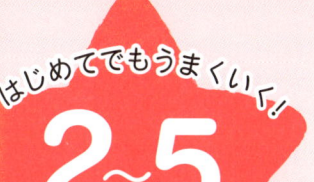

 2歳児 00'51"   3歳児 00'44"   4歳児 00'43"   5歳児 00'41"

# きらきら星

訳詞／武鹿悦子　作曲／フランス民謡　編曲／佐藤千賀子

子どもにも親しみやすい、おなじみの曲です。2〜5歳児の各年齢の楽譜を紹介しました。
スズ、タンブリンの音色がとてもきれいです。

## 楽器編成と並び方の例

###  2歳児

- **楽器編成の例と人数の目安**　（6人の場合）
  - スズ……………… 3人
  - タンブリン……… 3人
- **人数調整のしかた**
  - ・スズ、タンブリンを平均的に減らしたり、増やしたりしましょう。

- **並び方の例**

  （保）スズ　（保）タンブリン　指

- **演奏のバリエーション**
  - ・歌→合奏→歌、合奏→歌→合奏　など、いろいろ組み合わせて演奏できます。

---

###  3歳児

- **楽器編成の例と人数の目安**　（20人の場合）
  - スズ……………… 7人
  - タンブリン……… 6人
  - カスタネット…… 7人
- **人数調整のしかた**
  - ・20人よりも多い時……タンブリンを増やす
  - ・20人よりも少ない時…カスタネットを減らす

- **並び方の例**

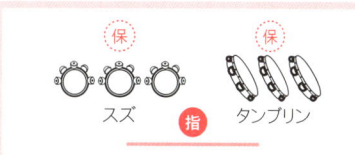

- **演奏のバリエーション**
  - ・歌→合奏→歌、合奏→歌→合奏　など、いろいろ組み合わせて演奏できます。
  - ・Bの♩〜のところを♩♩♩♩にしてもよいでしょう。

---

###  4歳児

- **楽器編成の例と人数の目安**　（30人の場合）
  - スズ……………… 7人　　ウッドブロック… 4人
  - タンブリン……… 6人　　小ダイコ………… 1人
  - カスタネット…… 7人　　大ダイコ………… 1人
  - トライアングル… 4人
- **人数調整のしかた**
  - ・30人よりも多い時……小ダイコを1人増やす。スズを増やす。
  - ・30人よりも少ない時…ウッドブロック、カスタネットを減らす。

- **並び方の例**

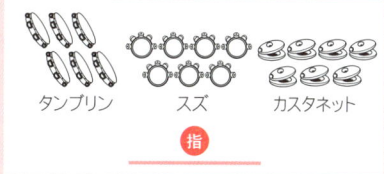

- **演奏のバリエーション**
  - ・合奏→歌→合奏にしてもよいでしょう。

---

###  5歳児

- **楽器編成の例と人数の目安**　（30人の場合）
  - スズ……………… 4人
  - タンブリン……… 3人　　小ダイコ………… 1人
  - カスタネット…… 4人　　大ダイコ………… 1人
  - トライアングル… 4人　　鉄琴……………… 2人
  - シンバル………… 1人　　木琴……………… 2人
  - ウッドブロック… 4人　　鍵盤ハーモニカ… 4人
- **人数調整のしかた**
  - ・30人よりも多い時…スズ、タンブリン、カスタネットを増やす。
  - ・30人よりも少ない時…ウッドブロック、鍵盤ハーモニカを減らす。

※楽器の扱い方はP.108〜P.110参照。

- **並び方の例**

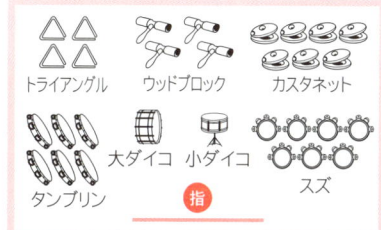

※木琴、鉄琴は左右に並んでもよいでしょう。

- **演奏のバリエーション**
  - ・ハーモニカもしくは、全員分の鍵盤ハーモニカがある場合は、歌→ハーモニカ(or全員が鍵盤ハーモニカ)→合奏にしてもよいでしょう。

# はじめてでもうまくいく！ きらきら星

## 合奏指導の進め方

 2歳児 3歳児

### 🎵 導入の遊び 🎵
・歌いながら、手をキラキラさせたり、手拍子をしたりして、楽しみましょう。

### 🎵 合奏曲での練習方法 🎵
・楽器を持たずに手拍子でリズムを覚えた後で、みんなでひとつの楽器でやってみましょう。

### 🎵 合わせるときのコツ 🎵
・よく知っている曲なので、慌てないようにしましょう。

### 🎵 しあげのポイント 🎵
・2歳児の A の cr〜〜 のところが合うと、とてもきれいです。
・3歳児は、3つの楽器になります。自分がどこで入るのかを、しっかり覚えましょう。

### 当日のアナウンス例
＊スズ、タンブリンをじょうずにキラキラできるようになりました。カスタネットの子どもたちもみんなでじょうずに打てるようになりました。子どもたちのキラキラ光る星のようすを聞いてください。

 4歳児 5歳児

### 🎵 導入の遊び 🎵
・4歳児 ♩♩♩♩、
　5歳児 ♩♩♩♩ や ♩♩♩ を、曲に合わせて足と手で打ってみましょう。

### 🎵 合奏曲での練習方法 🎵
・自分がどこで入るかをよく把握させましょう。

### 🎵 合わせるときのコツ 🎵
・保育者の手指揮をよく見て、曲をちゃんと聴くようにしましょう。

### 🎵 しあげのポイント 🎵
・AA' と B の違いを表現できると、聴き映えがします。

### 当日のアナウンス例
＊みんなでたくさん練習をしました。自分のパートもしっかり覚え、他の楽器の音をきちんと聞いて、演奏できるようになりました。子どもたちの練習の成果を聞いてください。

きらきら星 (1/1)

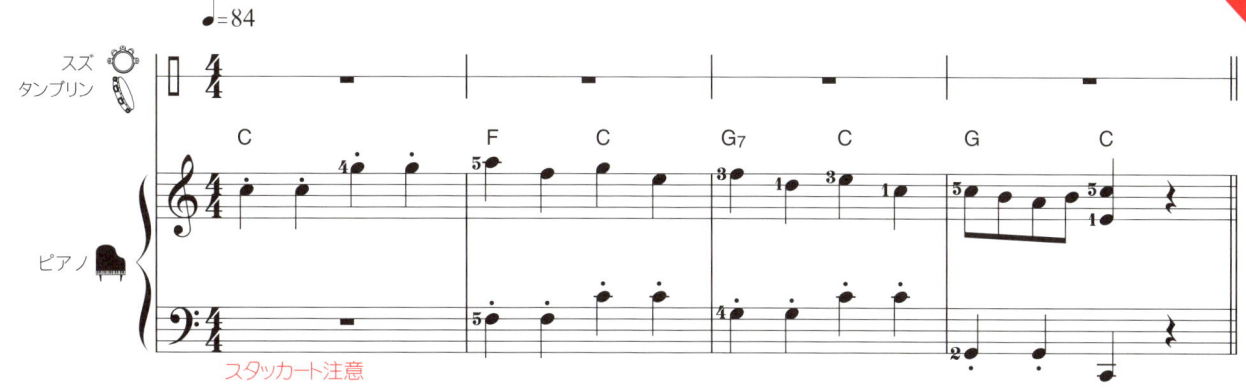
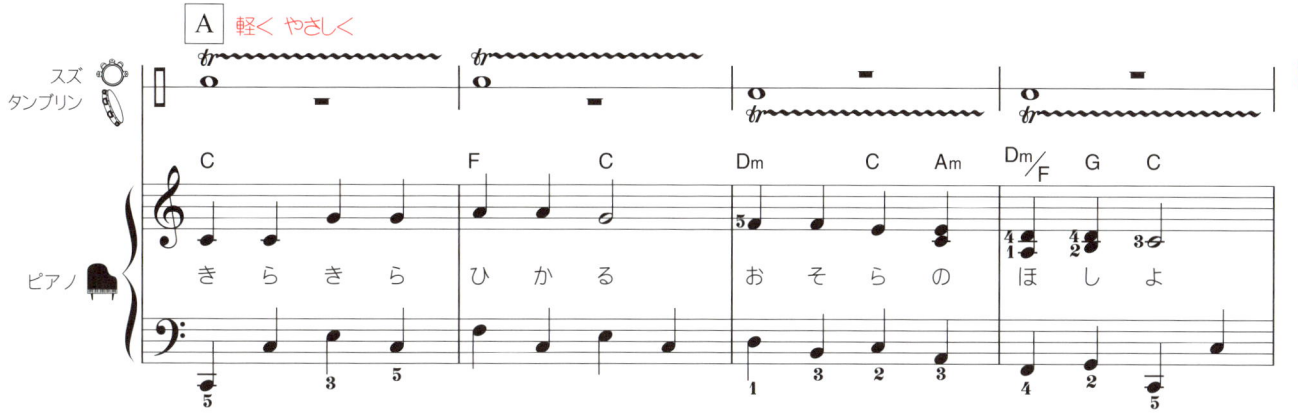

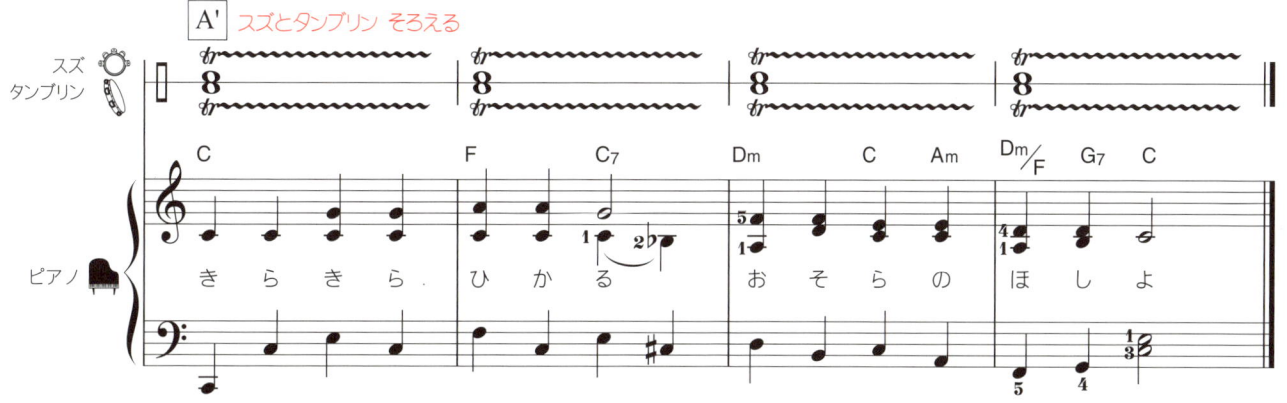

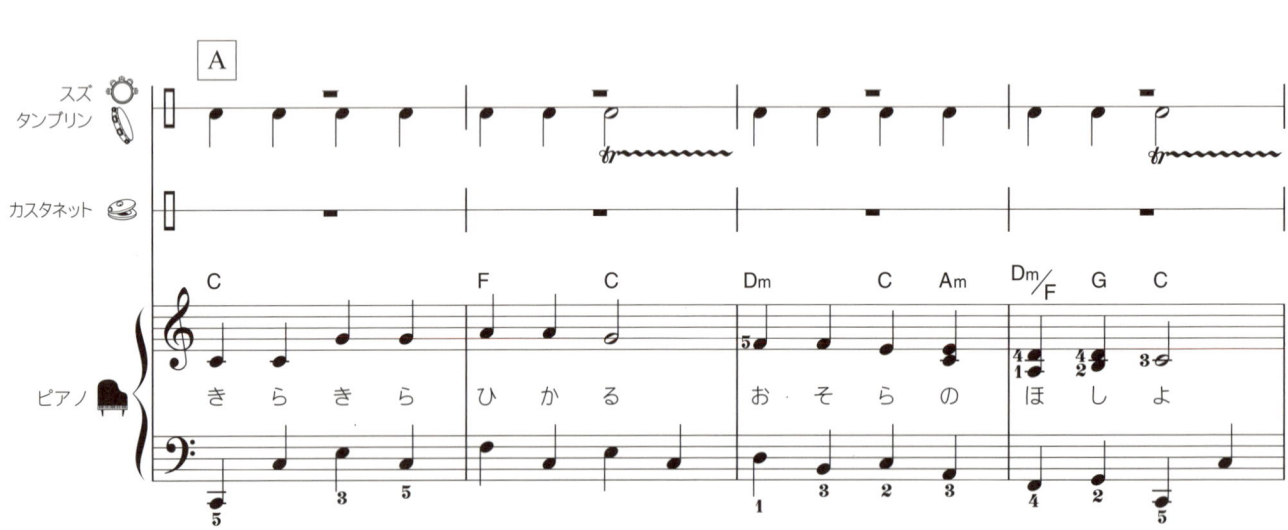

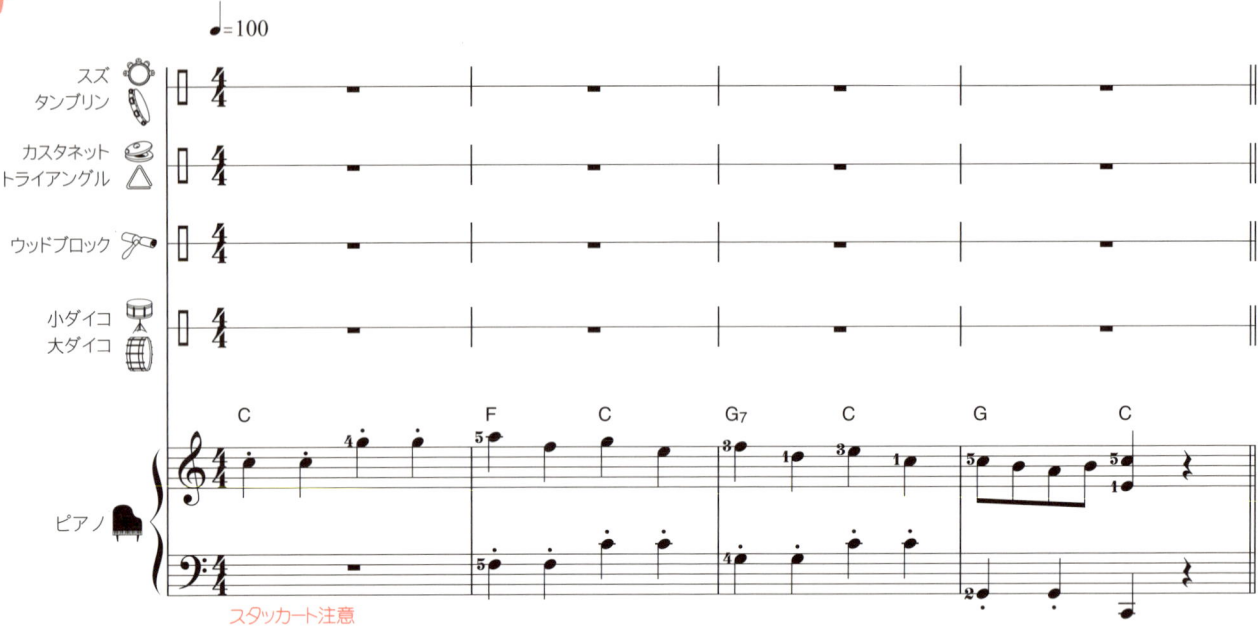

きらきら星 (2/2)

# きらきら星 (1/2)

5歳児 | CD 4

♩=104

楽器編成：鉄琴／木琴／鍵盤ハーモニカ／スズ・タンブリン／カスタネット・トライアングル／シンバル・ウッドブロック／小ダイコ・大ダイコ／ピアノ

スタッカート注意

**A** 流れるようにきれいに

シンバルしっかり打つ

歌詞：きら きら ひかる おそらの ほしよ

# 2歳児〜3歳児 大きな栗の木の下で

CD 5 00'29"

作詞／不詳　イギリス民謡　編曲／佐藤千賀子

手遊びでもおなじみの曲です。
子どもたちのかわいいようすが伝わりますね。

## 楽器編成と並び方の例

**2歳児**

- ● 楽器編成の例
  ・スズ
- ● 並び方の調整のしかた
  ・多い時…なるべく1列に並べるようにしましょう。保育者が後ろについてもよいです。

● 並び方の例

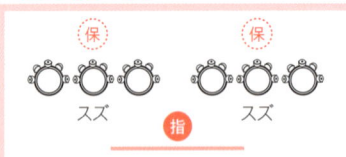

● 演奏のバリエーション
・タンブリン、もしくはトライアングルでもよいでしょう。

**3歳児**

- ● 楽器編成の例と人数の目安　【20人の場合】
  スズ……………… 7人
  タンブリン……… 6人
  カスタネット…… 7人
- ● 人数調整のしかた
  ・20人よりも多い時……タンブリンを増やす。
  ・20人よりも少ない時…カスタネットを減らす。

● 演奏の例
$tr\!\sim\!\sim$ を ♩♩♩♩‖ のリズムにし、タンブリン、スズ、カスタネットの順番　演奏し、最後の「きのしたで」で3つの楽器同時にするとよいです（本文・朱書き参照）。

● 並び方の例

※楽器の使い方はP.108参照。

## 合奏指導の進め方

### 🎼 導入の遊び 🎼
・手遊びから入り曲に親しみましょう。

おおきな　くりの　きの　した　で

あなたと　わたし　なかよく　あそびましょ

おおきな　くりの　きの　した　で

### 🎼 合奏曲での練習方法 🎼
・2歳児は $tr\!\sim\!\sim$ で振るだけでもたいへんなので、遊びの中から楽器に慣れるようにしましょう。

### 🎼 合わせるときのコツ 🎼
・歌をうたいながらすると、合わせやすいです。

### 🎼 しあげのポイント 🎼
・急ぎがちなので、子どもに合わせたゆっくりとしたテンポにしてください。

## 当日のアナウンス例

＊みんなの大好きな歌を演奏します。スズ、タンブリン、カスタネットを楽しく打ちます。保護者のみなさんもリズムにのりながら楽しんで聞いてください。

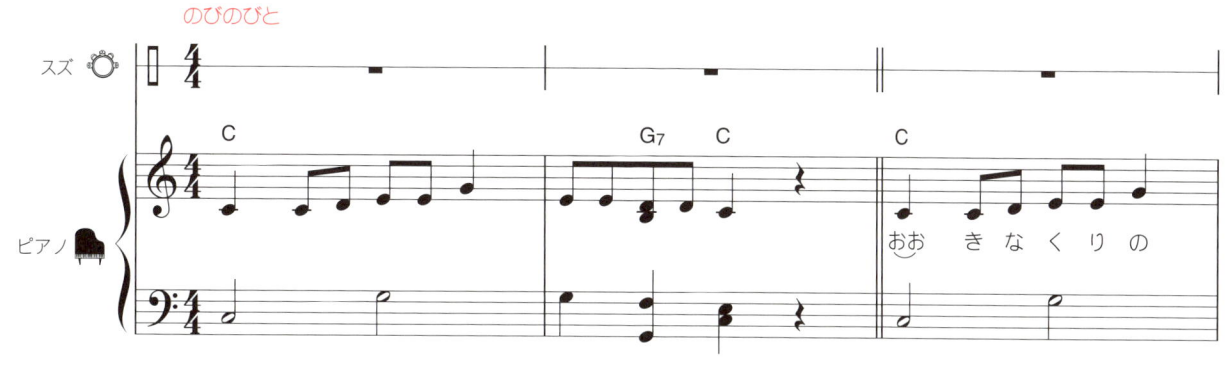

# 2〜3歳児 森のくまさん

 00'28"

訳詞／馬場祥弘　アメリカ民謡　編曲／佐藤千賀子

追いかけるリズムが楽しい曲です。
かけ合いの歌を入れても楽しいですね。

## 楽器編成と並び方の例

**2歳児**
- 楽器編成の例
  ・タンブリン
- 並び方の調整のしかた
  ・多い時…なるべく1列に並ぶほうがよいです。保育者が後ろについてもよいでしょう。

- 並び方の例　6人の場合

- 演奏のバリエーション
  ・スズでもよいでしょう。

**3歳児**
- 楽器編成の例と人数の目安
  スズ……………10人
  タンブリン………10人
- 人数調整のしかた
  ・両方の楽器をバランスよく増やしたり、減らしたりしましょう。

- 並び方の例　20人の場合

- 演奏のバリエーション
  ・スズとタンブリン同時に演奏してもよいでしょう。
  ・合奏→歌→合奏、歌→合奏→歌など、いろいろ組み合わせて演奏できます。

※楽器の使い方はP.108参照。

## 合奏指導の進め方

### ♪導入の遊び♪
・歌詞がストーリーになっているので、歌をうたって楽しみましょう。

### ♪合奏曲での練習方法♪
・「あるーひ（あるーひ）」と追いかけっこなので、保育者が  と打ったら、子どもがまねっこして  と打ちましょう。
手拍子から入って、楽器に発展していくようにしましょう。

### ♪合わせるときのコツ♪
・ のリズムと  のリズムを覚えましょう。

### ♪しあげのポイント♪
・明るく楽しくできるようにもっていきましょう。

### 当日のアナウンス例
＊追いかけっこをするような曲です。メロディーをよく聞いて楽しく演奏しています。それぞれの子どもたちの演奏を楽しく聞いてください。

♩=120
明るくリズムにのって
スズ
タンブリン
ピアノ
C
C7
F
G7
元気にしっかり
あるーひ
もりのなか
くまさんに
であった
はなさくもり
のみち
くまさんに
であーった
た ー
G7/D
G

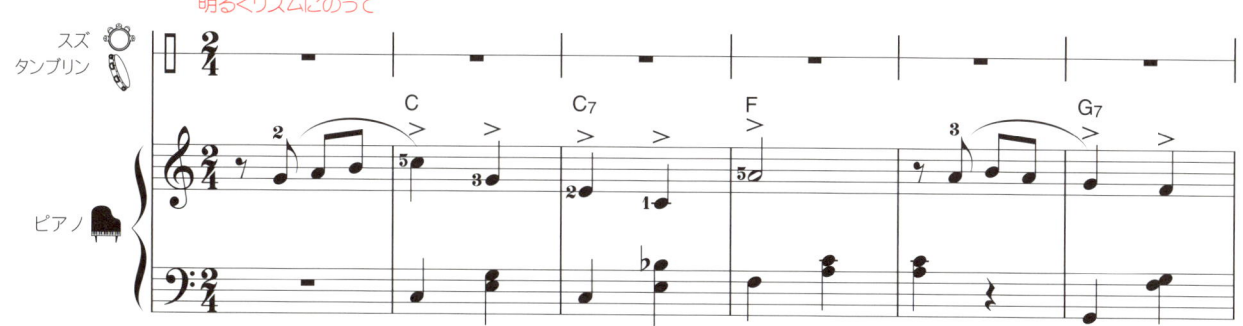

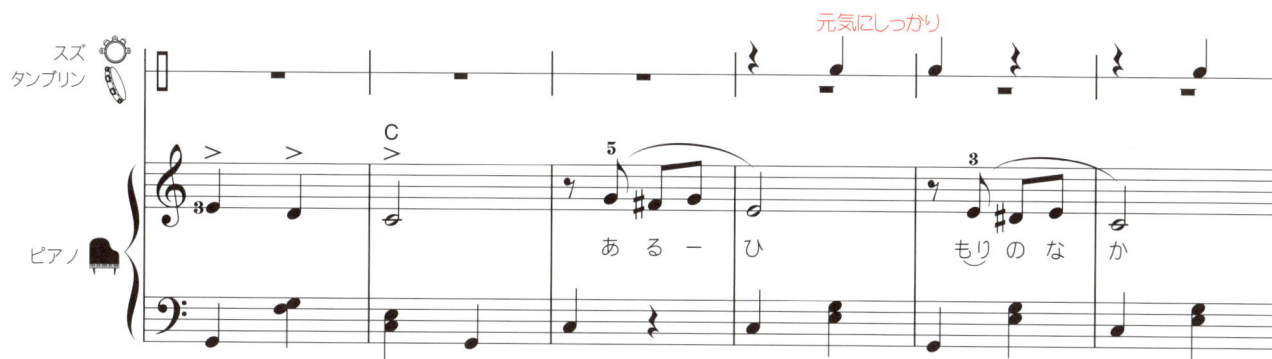

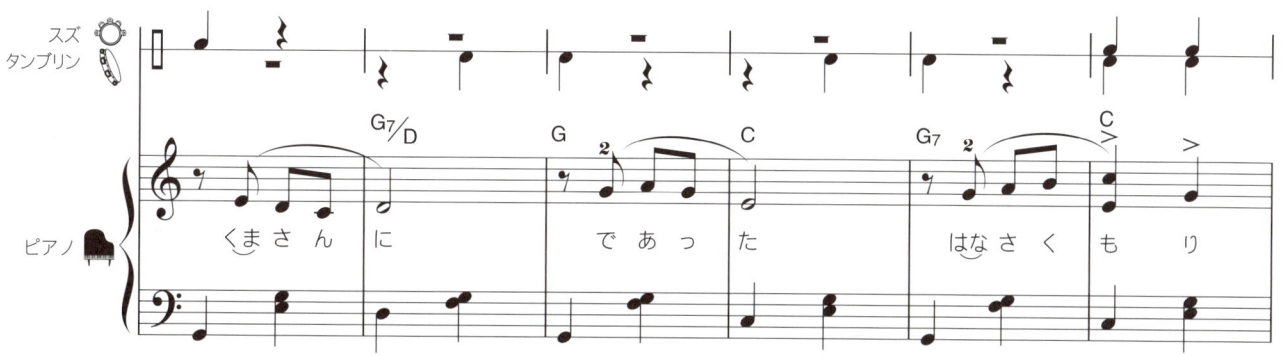

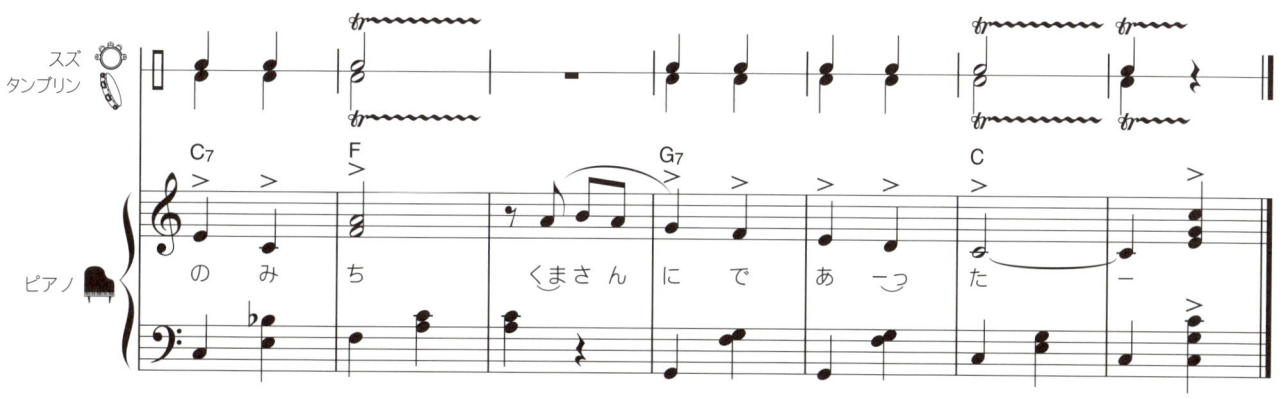

# 2歳児〜3歳児 はたけのポルカ

 00'34"

訳詞／峯 陽　ポーランド民謡　編曲／佐藤千賀子

テンポのよい、踊りたくなるような明るい曲です。

## 楽器編成と並び方の例

**2歳児**

- ●楽器編成の例
  ・スズのみ
- ●並び方の調整のしかた
  ・多い時…保育者から見えるように1列に並ぶほうがよいです。保育者が後ろについてもよいでしょう。

●並び方の例（8人の場合）

- ●演奏のバリエーション
  ・タンブリンのみでもよいでしょう。

**3歳児**

- ●楽器編成の例と人数の目安
  スズ…………… 7人
  タンブリン……… 6人
  カスタネット…… 7人
- ●人数調整のしかた
  ・20人よりも多い時……タンブリンを増やす。
  ・20人よりも少ない時…カスタネットを減らす。

●並び方の例（20人の場合）

- ●演奏のバリエーション
  ・合奏→歌→合奏、歌→合奏→歌　など、いろいろ組み合わせて演奏できます。

※楽器の使い方はP.108参照。

## 合奏指導の進め方

### 導入の遊び
・リズムパターンは同じ ♫♫|♩ ‖ なので、全員で同じ練習をしましょう。

### 合わせるときのコツ
・はじめは、ゆっくりのテンポで合わせて練習し、徐々に早くして ♩=80 のテンポにしていきましょう。

### 合奏曲での練習方法
・3歳児は、まずひとつの楽器を全員で練習しましょう。
・その後に、スズ、タンブリン、カスタネットそれぞれに分けて練習しましょう。

### しあげのポイント
・ほかの子どもがやっているのをきちんと聞いて待っていられるようになるのことが大切です。「耳を澄ませてよく聞いてね」などとことばがけしましょう。

### 当日のアナウンス例
＊曲に合わせて、トントントントン　シャラララ　というリズムを打っています。最後にみんなで合わせるところも、この曲のいいところです。みなさんもリズムにのってお聞きください。

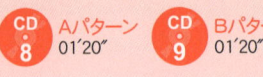

# メリーさんのひつじ

訳詞／高田三九三　アメリカ民謡　編曲／佐藤千賀子

合奏曲の定番中の定番。だれもが知っている、明るいかわいい曲です。

## 楽器編成と並び方の例

**2歳児**

- ●楽器編成の例
  - ・スズで「ひつじ」のみ  でするとよいです。
- ●並び方の調整のしかた
  - ・多い時…なるべく1列に並ぶほうがよいです。保育者が後ろについてもよいでしょう。

- ●演奏のバリエーション
  - ・タンブリンでもよいでしょう。
  - ・ピアノ伴奏をP.25〜26朱書きのように弾くと違った感じになります。

**3歳児**

- ●楽器編成の例と人数の目安
  - スズ……………7人
  - タンブリン………6人
  - カスタネット……7人
- ●人数調整のしかた
  - ・20人よりも多い時……スズ、タンブリンを増やす。
  - ・20人よりも少ない時…スズ、カスタネットを減らす。
  - ・舞台が広ければ、1列に並んでもよいでしょう。

※楽器の使い方はP.108参照。

- ●演奏のバリエーション
  - ・歌→合奏→歌、合奏→歌→合奏 など、いろいろ組み合わせて演奏できます。
  - ・ピアノ伴奏をP.25〜26朱書きのように弾くと違った感じになります。

## 合奏指導の進め方

### 🎼 導入の遊び 🎼
- ・ひとつの楽器（例えばスズ）を全員に持たせ、 だけで曲に合わせてみましょう。

### 🎼 合わせるときのコツ 🎼
- ・カスタネットが打ってから、次の楽器が入ることをわかるようになると、やりやすいです。

### 🎼 合奏曲での練習方法 🎼
- ・ひとつずつの楽器を全員で練習しましょう。
- ・その後、カスタネットとスズ・タンブリンの打ち方が違うので、別々で練習しましょう。

### 🎼 しあげのポイント 🎼
- ・♩♩♩‖のリズムをそろえることです。

### 当日のアナウンス例

＊子どもたちが大好きな曲です。楽しくリズムにのりながら、それぞれの楽器を順番に打って、演奏します。子どもたちの真剣な姿をご覧ください。

# メリーさんのひつじ (2/2)

# 2〜3歳児 げんこつやまのたぬきさん

 00'56"

わらべうた　編曲／佐藤千賀子

手遊びでもおなじみの曲です。
途中で違う曲調になり、聞き映えのよいアレンジにしています。

## 楽器編成と並び方の例

**2歳児**

- ●楽器編成の例
  - スズ、タンブリン、カスタネットのうち、ひとつの楽器で演奏する。
- ●並び方の調整のしかた
  - 多い時…なるべく1列に並ぶほうがよいです。保育者が後ろについてもよいでしょう。

- ●並び方の例（8人の場合）

- ●演奏のバリエーション
  - Bをせず、Aのみでもよいです。

**3歳児**

- ●楽器編成の例と人数の目安（20人の場合）
  - スズ………………7人
  - タンブリン………6人
  - カスタネット……7人
- ●人数調整のしかた
  - ・20人よりも多い時……タンブリンを増やす。
  - ・20人よりも少ない時…スズ、カスタネットを減らす。

※楽器の使い方はP.108参照。

- ●並び方の例

- ●演奏のバリエーション
  - 歌→合奏→歌、合奏→歌→合奏など、いろいろ組み合わせて演奏できます。

## 合奏指導の進め方

### 🎼 導入の遊び 🎼

・手遊びをしながら、歌ってみましょう。

げんこつやまのたぬきさん

おっぱいのんで

ねんねして

だっこして

おんぶして

またあした

### 🎼 合奏曲での練習方法 🎼

- ・Bのメロディーを「ラララ」で歌って覚えましょう。
- ・みんなで  のリズムを楽しみましょう。
- ・ピアノ伴奏は、Aの左手の和音、Bの左手の音はそれぞれずっと同じです。

### 🎼 合わせるときのコツ 🎼

・休みのところでは、音を出さずに待っていることが大切です。

### 🎼 しあげのポイント 🎼

・AとBの曲の変化が出せると、よりよくしあがります。

## 当日のアナウンス例

＊よく手遊びをして遊んだ曲です。全員で楽しく演奏します。それぞれの楽器で合わせるとこも、全員で合わせるところも、たくさん練習しました。すてきな演奏を聞いてください。

スズ
タンブリン
カスタネット
ピアノ
やさしく
元気に
やさしく
ゆっくり
ま たあ し た

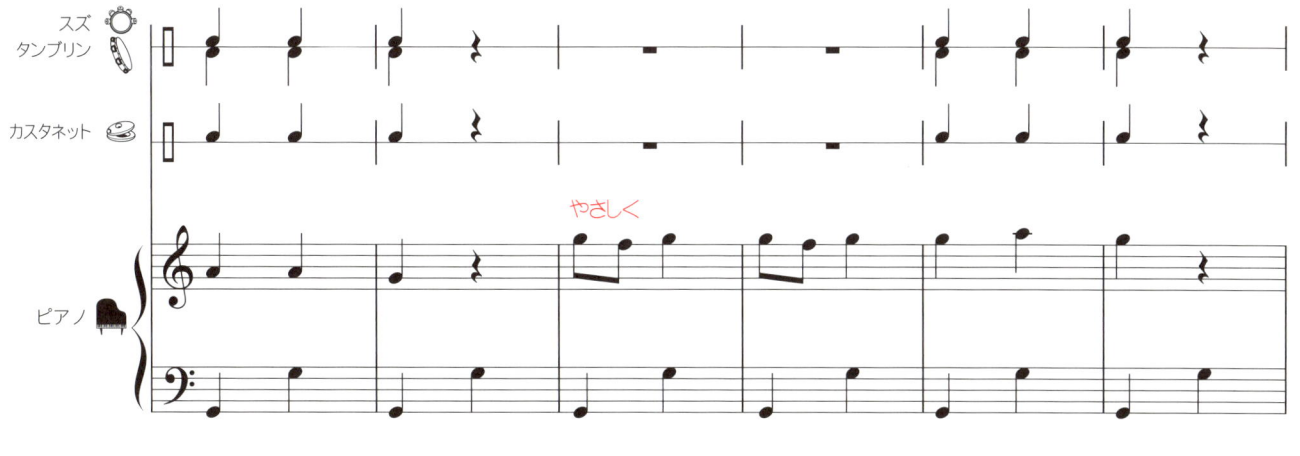

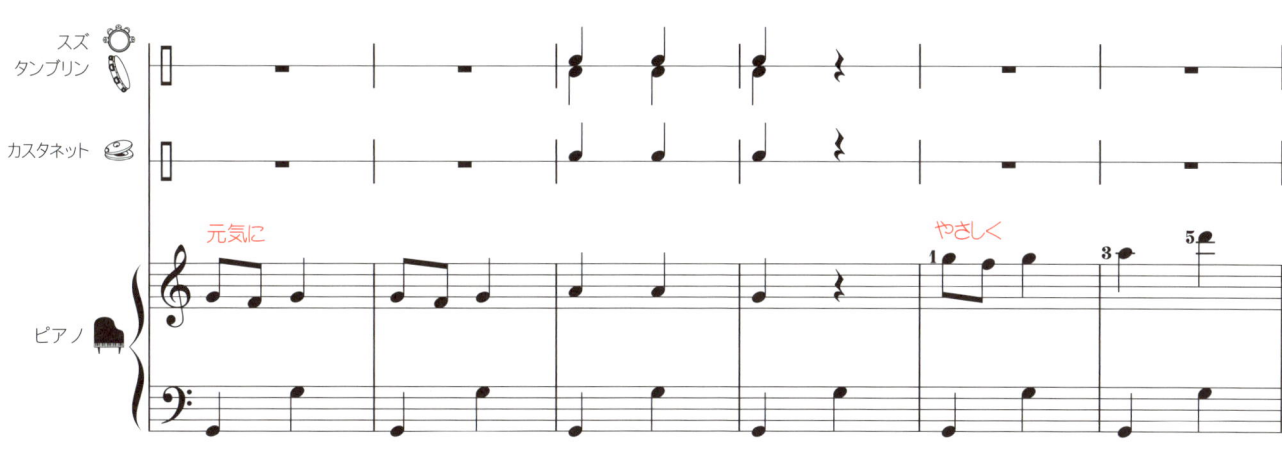

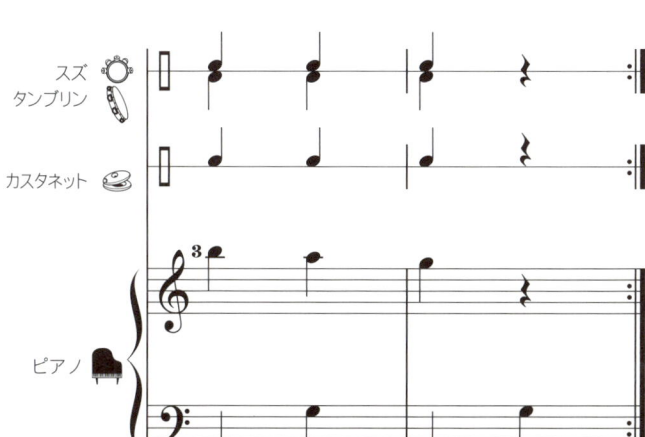

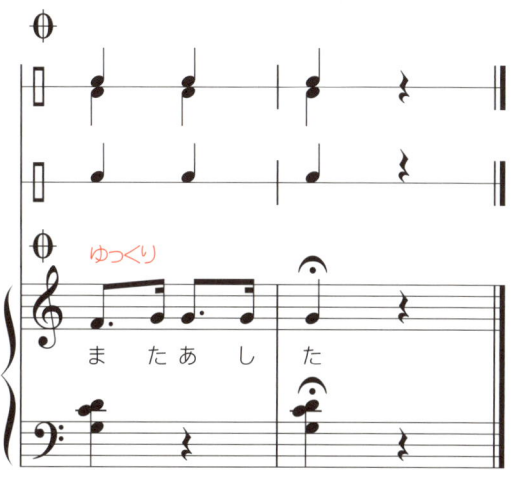

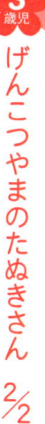

 01'35"

# おんまはみんな

訳詞／中山知子　アメリカ民謡　編曲／佐藤千賀子

おウマが楽しく弾みながら走っているようすが伝わる曲です。

## 楽器編成と並び方の例

● 楽器編成の例
・カスタネット

● 並び方の調整のしかた
・２列のまま、左右の人数を調整しましょう。

※楽器の使い方はP.108参照。

● 並び方の例　20人の場合

カスタネット

指

● 演奏のバリエーション
・ウッドブロックにして、おウマの感じを表してみましょう。
・タンブリンでもやってみましょう。
・♩♩♫♪‖を カスタネット ♩♫♩♫｜♩♫♪‖
　タンブリン
のリズムにすると、４歳児でも楽しめます。

## 合奏指導の進め方

 導入の遊び
・歌がないところのタイミングどうしてなのか ♪♪‖ で手をたたく練習をする。
　　　　　　　　　トントン

 合奏曲での練習方法
・歌をうたいながら ♩♩♫♪‖ と ♪♩♩♫♪‖ のリズムを打てるようにしましょう。
・歌をうたえるようになれば、できます。

 合わせるときのコツ
・休みのところをしっかり覚えましょう。

 しあげのポイント
・おウマが楽しく弾んでいるようすをイメージして、リズムにのって楽しく演奏しましょう。

## 当日のアナウンス例

＊「おウマが走っているようすってどんなかな？」と想像しながら、楽しく練習しました。子どもたちも大好きなカスタネットの元気な音を聞いてください。

♩=116
弾んだリズムで
カスタネット
ピアノ
重たくならない
ラ
F C7 F C7/E C7 F
mp
mf
1. おんまはみんな パッパカはしる パッパカはしる パッパカはしる
2. こぶたのしっぽ ちょんぼりちょろり ちょんぼりちょろり ちょんぼりちょろり
休み注意
ファ
おんまはみんな パッパカはしる どうしてはしる
こぶたのしっぽ ちょんぼりちょろり どうしてちょろり

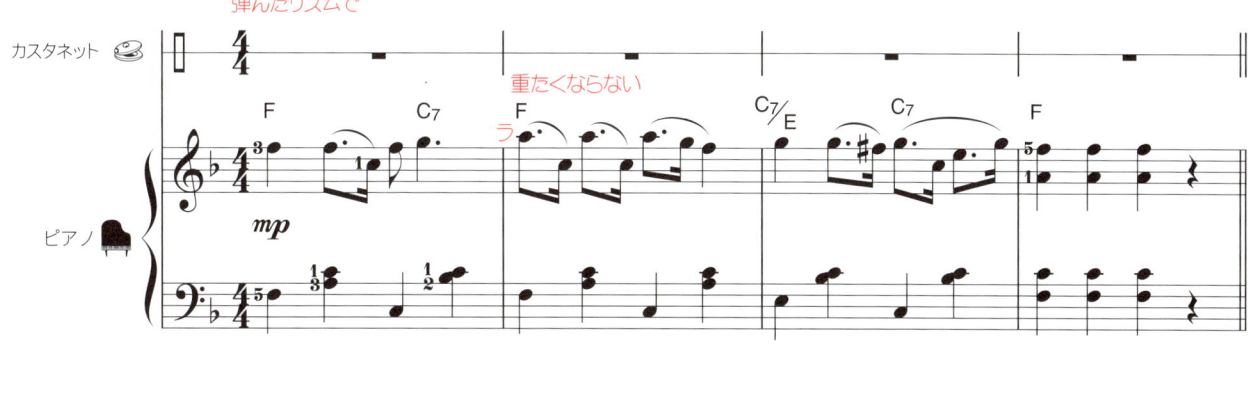

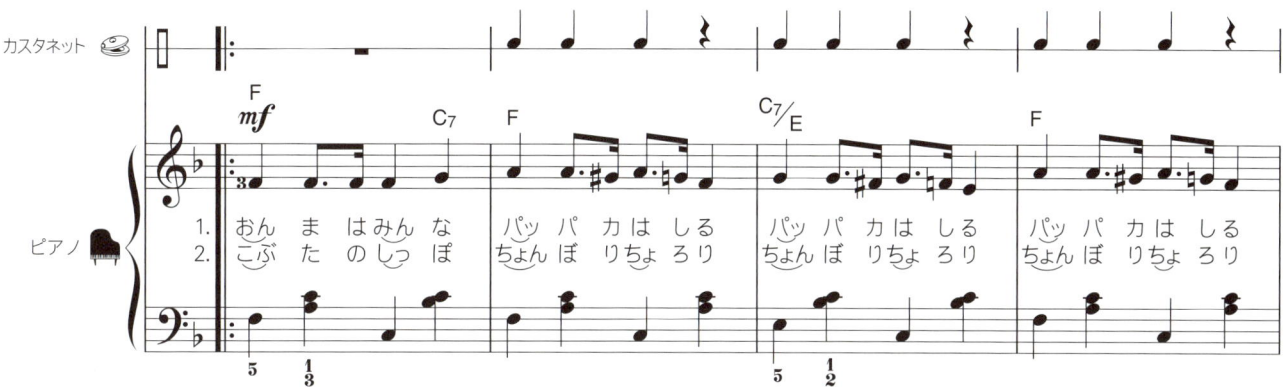

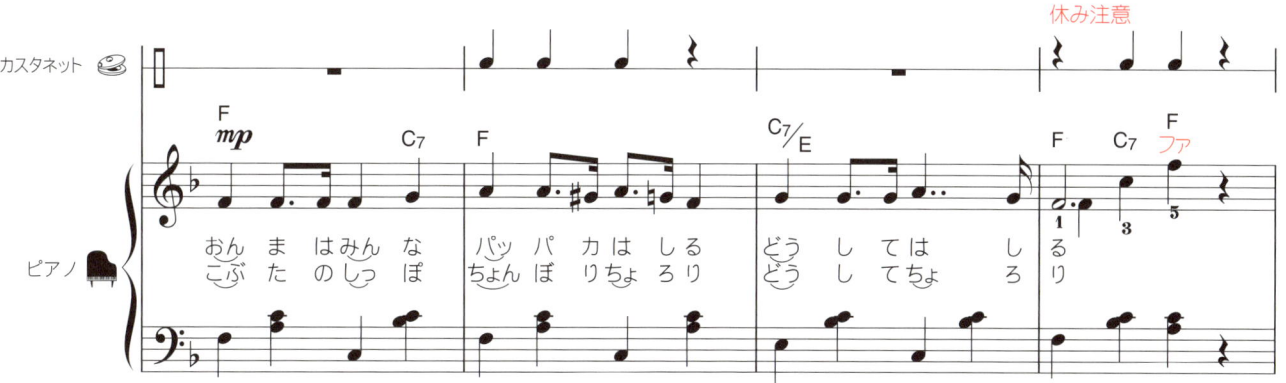

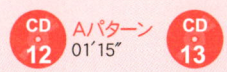

# みつばちマーチ

3〜4歳児

CD 12 Aパターン 01'15"
CD 13 Bパターン 01'15"

外国曲　編曲／佐藤千賀子

軽快なリズムのかわいい曲です。
途中で曲調が変わるのも、合奏の変化が楽しめます。

## 楽器編成と並び方の例

● 楽器編成の例と人数の目安　【30人の場合】

スズ……………10人　　トライアングル…5人
タンブリン………6人　　小ダイコ…………1人
カスタネット……7人　　大ダイコ…………1人

※楽器の使い方はP.108〜109参照。

● 並び方の例

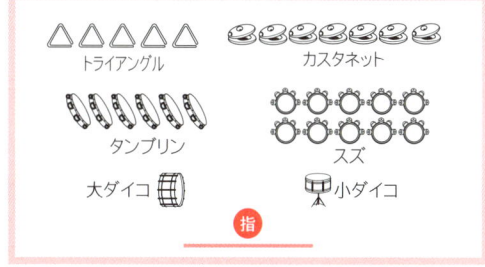

● 人数調整のしかた
・30人よりも多い時…タンブリン、カスタネットを増やす。
・30人よりも少ない時…スズ、タンブリン、カスタネットを減らす。

● 演奏のバリエーション
・ピアノのメロディーを変奏して弾くのもよいです（P.34〜35の朱書き参照）。
・3小節目の  のリズムが難しいようでしたら ♩♩♩♩ でもよいです。
・3歳児の場合は、下記のような楽器で演奏するとよいでしょう。トライアングルが重くて難しいようなら、スズでもよいでしょう。

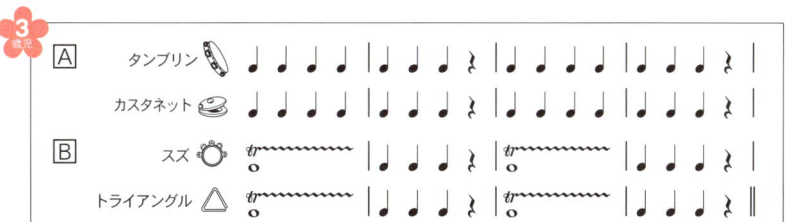

## 合奏指導の進め方

♪ 導入の遊び ♪
・みんなで行進したり、方向を変えて歩いたり、止まったりしてみましょう。

♪ 合奏曲での練習方法 ♪
・ⒶとⒷの感じの違いをわかって練習するとよいでしょう。

♪ 合わせるときのコツ ♪
・基本の ♩♩♩♩ のリズムを覚えて、1拍目をしっかり入りましょう。

♪ しあげのポイント ♪
・Ⓐは軽やかに、Ⓑはちょっと重く、と変化がわかるように気をつけましょう。

## 当日のアナウンス例

＊子どもたちが大好きな曲です。ペアの楽器の音をよく聞いて、いっぱい練習しました。
　弾むようなメロディーをいっしょに楽しんでください。

みつばちマーチ (2/2)

## 3〜4歳児 証城寺の狸ばやし

 00'56"

作詞／野口雨情　作曲／中山晋平　編曲／佐藤千賀子

昔から伝わる日本の名曲です。最近では、『一休さん』のドラマにも使われました。ウッドブロックや木魚の音が心地良く軽快です。

### 楽器編成と並び方の例

● 楽器編成の例と人数の目安　　30人の場合

| | |
|---|---|
| スズ……………7人 | 木魚……………2人 |
| タンブリン………5人 | ウッドブロック…4人 |
| カスタネット……6人 | 小ダイコ…………1人 |
| トライアングル…4人 | 大ダイコ…………1人 |

※楽器の使い方はP.108〜109参照。
※木魚は、割れやすいのでていねいに扱うように子どもたちに話しましょう。

● 人数調整のしかた
・30人よりも多い時
　…スズ、カスタネットを増やす。
・30人よりも少ない時
　…スズ、カスタネットを減らす。
・木魚がない場合
　…ウッドブロックを増やす。

● 並び方の例

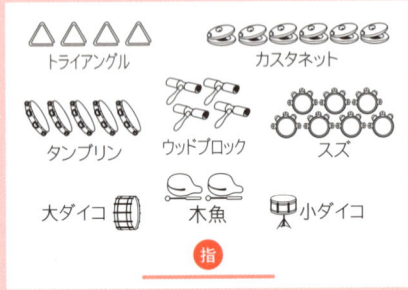

● 演奏のバリエーション
・合奏→歌→合奏、歌→合奏→歌　など、いろいろ組み合わせて演奏できます。
・3歳児には、歌詞の部分を順番に右のようにしてもよいでしょう。

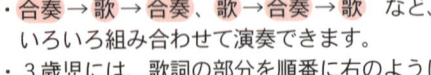

### 合奏指導の進め方

**導入の遊び**
・歌をうたって楽しみましょう。

**合奏曲での練習方法**
・のリズムを取り出して、しっかり練習しましょう。

**合わせるときのコツ**
・Bの5、6、7小節目は、スズ、タンブリンの組み合わせではなく、タンブリンとカスタネットの組み合わせなので、手の指揮に注意しましょう。

**しあげのポイント**
・ABCDEそれぞれがしっかりできるようにしましょう。
・CDの曲は少し速めなので、練習では少しゆっくりめにして、しあげにこのスピードにしてもよいでしょう。

### 当日のアナウンス例

＊とても楽しい曲ですが、リズムを打つのが少し難しかったです。何度も何度も練習して、みんなで合わせました。いっしょに楽しんでください。

♩=92
A
スズ
タンブリン
カスタネット
トライアングル
木魚
ウッドブロック
小ダイコ
大ダイコ
ピアノ
C
弾んで
C/G
C
ド
ソ



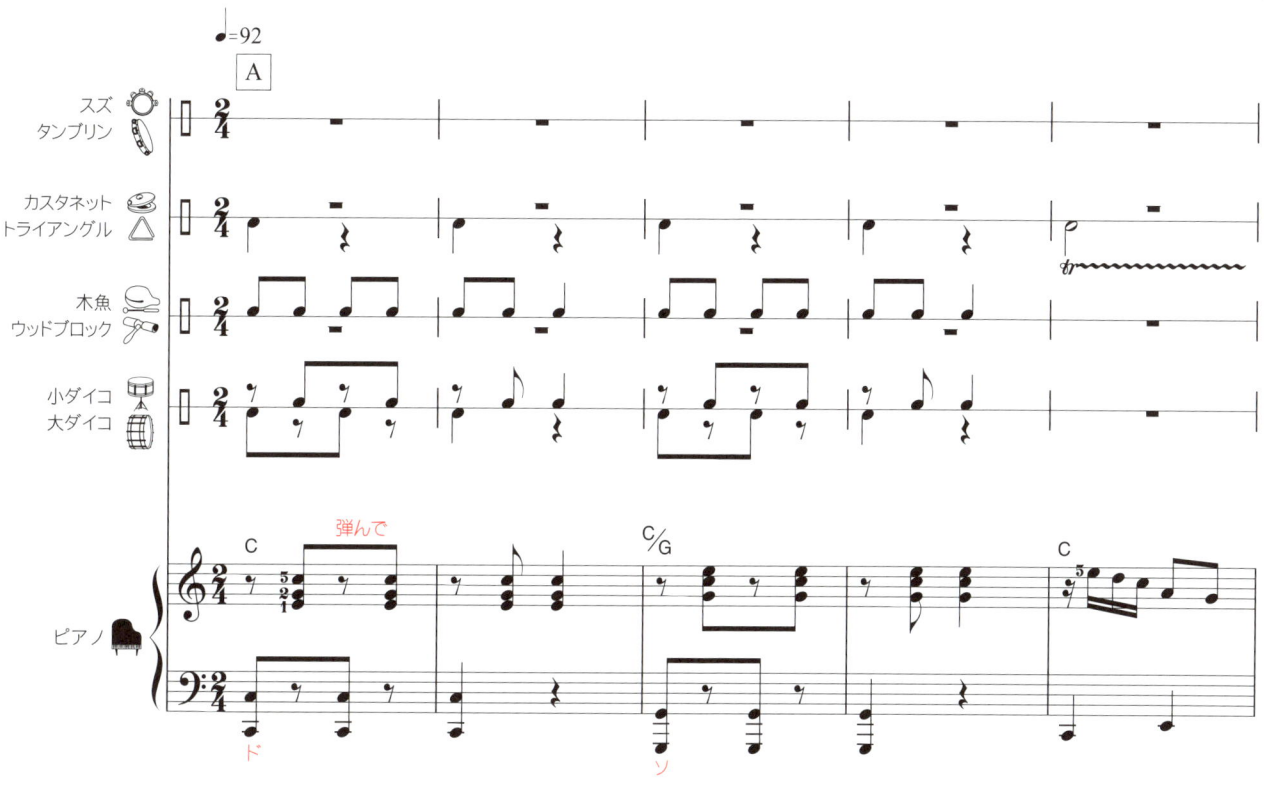

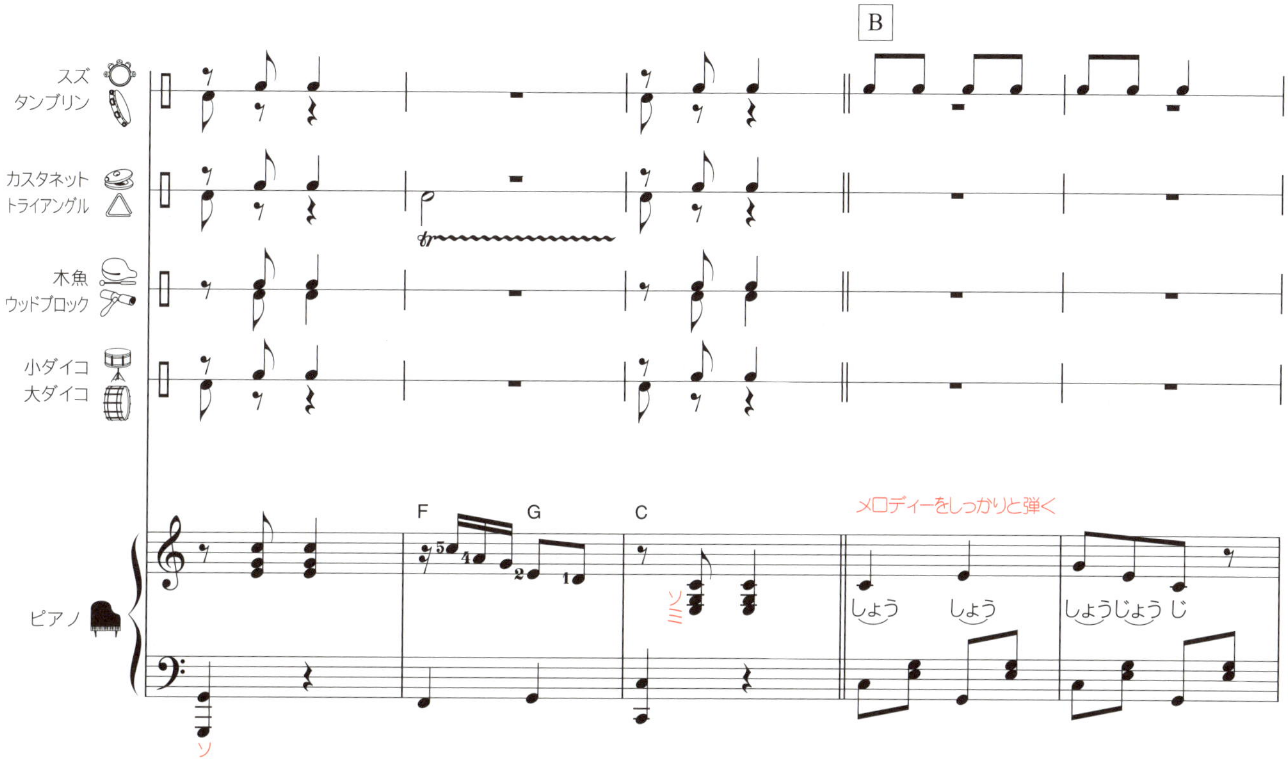
B
スズ
タンブリン
カスタネット
トライアングル
木魚
ウッドブロック
小ダイコ
大ダイコ
ピアノ
F
G
C
メロディーをしっかりと弾く
ソ
ミ
しょう
しょう
しょうじょう じ
ソ

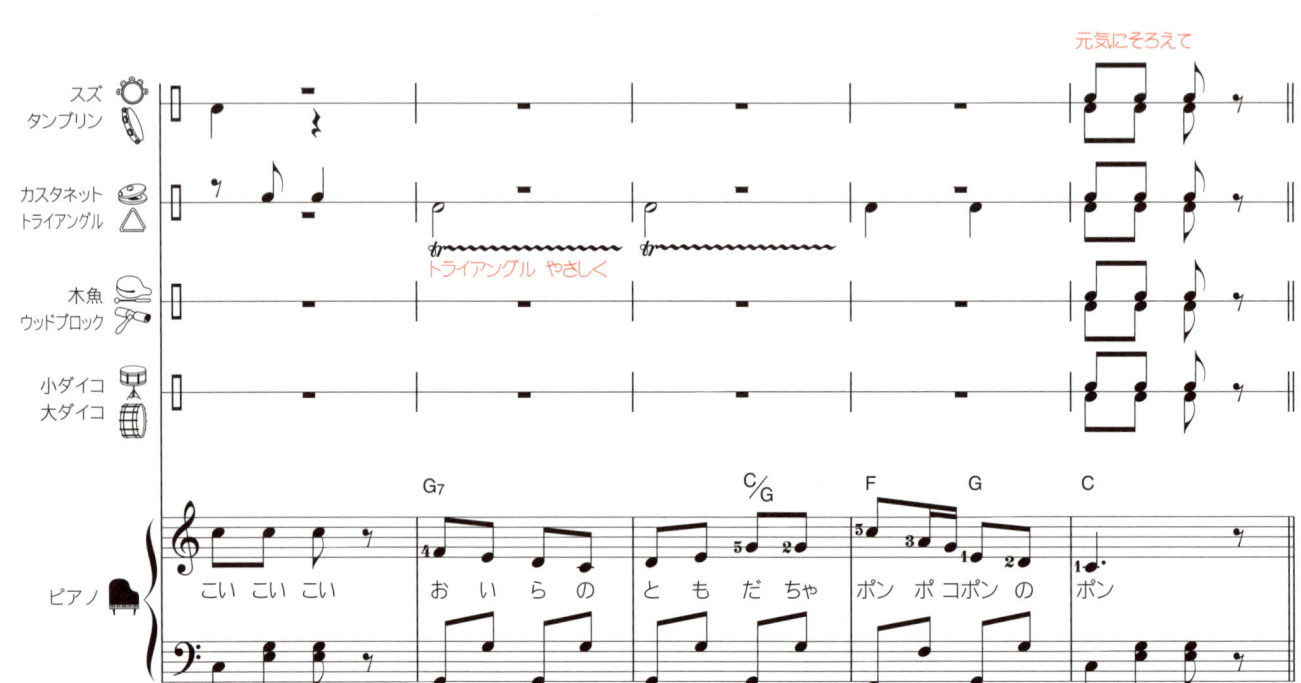

証城寺の狸ばやし (3/4)

証城寺の狸ばやし (4/4)

# 歓喜の歌

3〜4歳児　CD 15　01′09″

訳詞／岩佐東一郎　作曲／L.ベートーヴェン　編曲／佐藤千賀子

『第九』とも呼ばれる曲です。年末になるといろいろなところから聞こえる曲ですね。
耳になじんだ聞き慣れた曲を子どもたちの演奏でお届けしましょう。

## 楽器編成と並び方の例

### ● 楽器編成の例と人数の目安（30人の場合）

- スズ……………… 8人
- タンブリン……… 7人
- カスタネット…… 8人
- トライアングル… 5人
- 小ダイコ………… 1人
- 大ダイコ………… 1人

※楽器の使い方はP.108〜110参照。

### ● 人数調整のしかた

- 30人よりも多い時…スズを増やす。
- 30人よりも少ない時…スズを減らす。

### ● 演奏のバリエーション

- 歌 → 合奏 → 歌、合奏 → 歌 → 合奏 など、いろいろ組み合わせて演奏できます。
- 3歳児には、タンブリン・スズ・カスタネットの順番に下記のようにしてもよいでしょう。

### ● 並び方の例

(トライアングル、カスタネット、タンブリン、スズ、大ダイコ、小ダイコ、指揮者の配置図)

## 合奏指導の進め方

### ♪ 導入の遊び ♪

- 曲に合わせて身体を揺らしながら歌ってみましょう。

### ♪ 合奏曲での練習方法 ♪

- ♩♩♩♩ のリズムを何回も練習しましょう。楽器だけでなく、身体の足と手などでするのもいいですね。

### ♪ 合わせるときのコツ ♪

- 並び方を上図のようにすると、左手、右手の指揮ですぐに合わせられます。

### ♪ しあげのポイント ♪

- 自分の楽器以外のときに、きちんと聞けているかどうかで、しあがりが変わります。

## 当日のアナウンス例

＊ゆったりとした気持ちになる曲です。ペアの楽器をよく聞いて、練習しました。子どもたちが奏でる『歓喜の歌』をお聞きください。

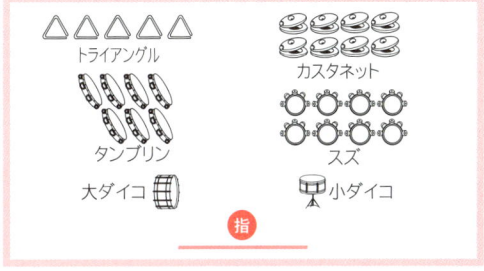

歓喜の歌

C
スズ
タンブリン
カスタネット
トライアングル
小ダイコ
大ダイコ
うれしさを込めて
G7/F C/G G/B C G7/F E7/G♯ Am D7/F♯ G
ピアノ
こころは ほがーらか よろーこび みちてみ
ゆったりとした気持ちで
C Am7 C G7 C
ーかわす われらーの あかるき えー がお

# 聖者の行進

**4歳児** CD 16 01′23″

アメリカ民謡　編曲／佐藤千賀子

よく耳にする行進曲です。明るいリズムが楽しくなりますね。

## 楽器編成と並び方の例

### ● 楽器編成の例と人数の目安　（30人の場合）

| | |
|---|---|
| スズ…………… 8人 | シンバル………… 1人 |
| タンブリン……… 7人 | 小ダイコ………… 1人 |
| カスタネット…… 7人 | 大ダイコ………… 1人 |
| トライアングル… 5人 | |

（ウインドチャイムがあれば、1人部分的に交代）

※楽器の使い方はP.108〜P.109参照。

### ● 人数調整のしかた
・30人よりも多い時
　…スズ、カスタネットを増やす。
・30人よりも少ない時
　…スズ、カスタネット、タンブリン、トライアングルを減らす。

### ● 並び方の例

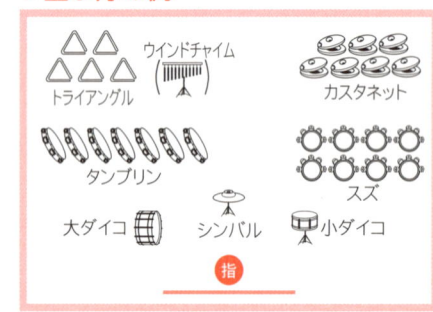

トライアングル　ウインドチャイム　カスタネット
タンブリン　　　　　　　　　スズ
大ダイコ　シンバル　小ダイコ
指

### ● 演奏のバリエーション
・メロディーを「ラララ」や階名唱（ドレミ…）で歌ってもよいでしょう。

## 合奏指導の進め方

### 導入の遊び
・CDや保育者のピアノに合わせて行進してみましょう。

### 合わせるときのコツ
・ピアノのこの音をきちんと聞いて、入りましょう。

### 合奏曲での練習方法
・♩♫♫♩｜♪ ‖ が中心のリズムでできているので、このリズムがだれでも打てるように練習しましょう。

### しあげのポイント
・「2.」のあとの♩で、全員演奏するところを走らないように注意してそろえることが大切です。

## 当日のアナウンス例

＊トン　シャンシャンシャン　というリズムをみんなで練習しました。聞いたことがある楽しい行進曲なので、保護者のみなさんもリズムにのって楽しんでください。

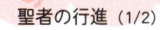

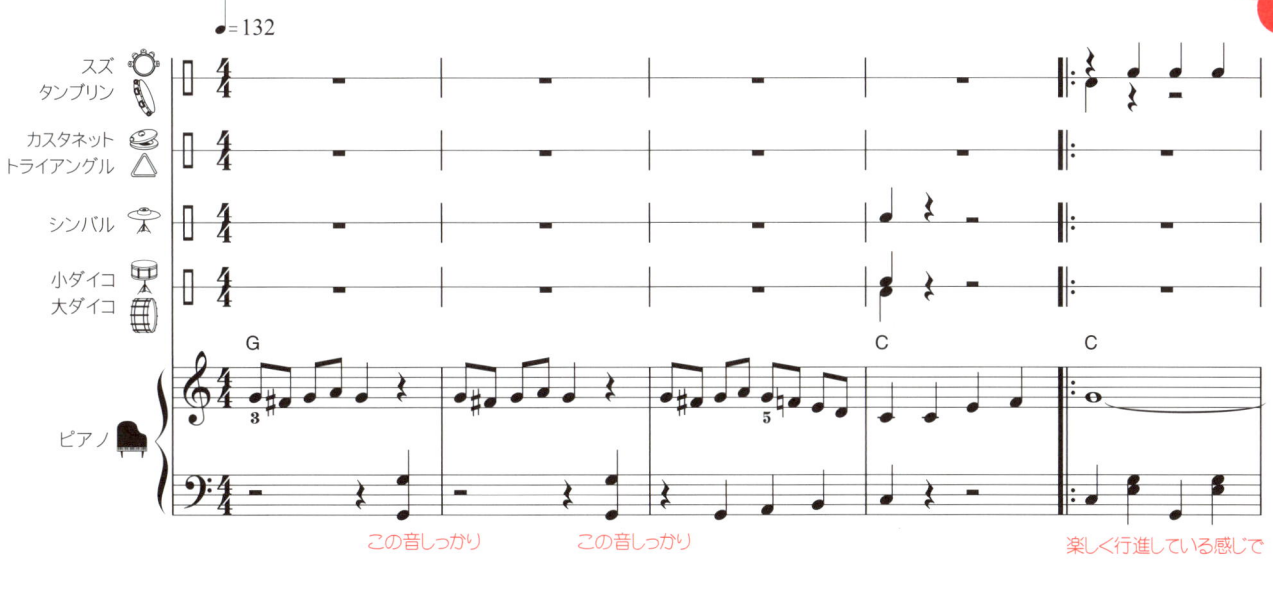

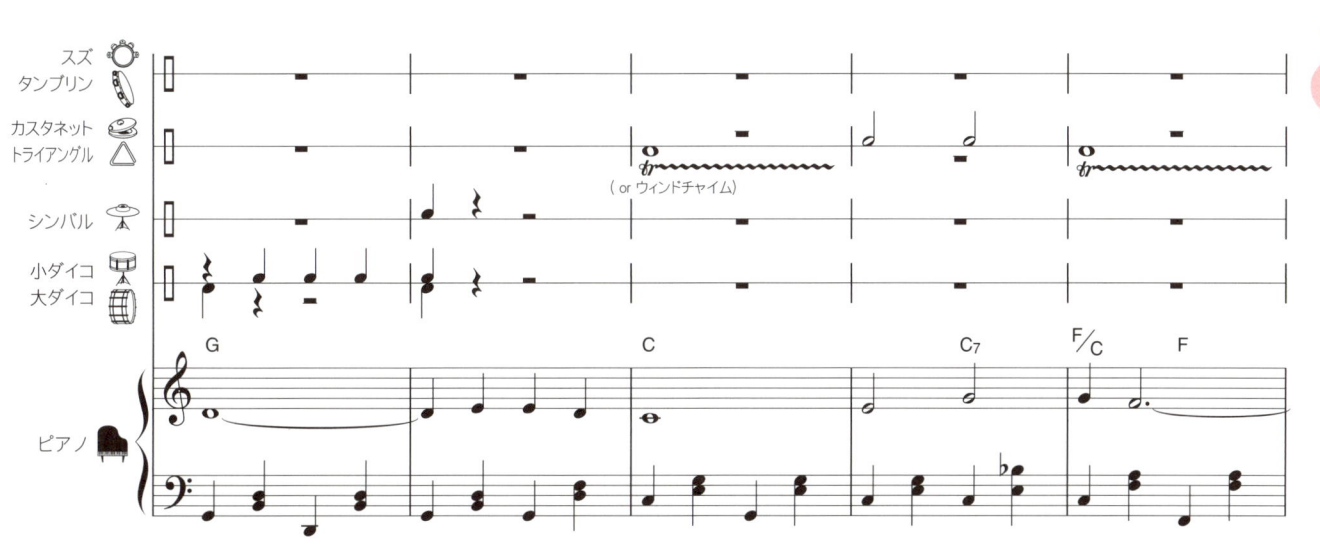

聖者の行進 (1/2) 4歳児

急がずに
スズ
タンブリン
カスタネット
トライアングル
シンバル
小ダイコ
大ダイコ
ピアノ
Fm/C
C
G7
1.
C
2.
力強く はっきりと
C
C+5/G♭
F7
G7
C
f
伴奏 しっかりした音で
強く

## 4歳児

**CD 17** 01'23"

# 茶色のこびん

作曲／ジョゼフ・イーストバーン・ウィナー　編曲／佐藤千賀子

小学校の教科書にずっと載り続けている曲です。前奏、後奏もすてきにアレンジしています。
この曲は、CFGCの循環コードからできています。

### 楽器編成と並び方の例

●楽器編成の例と人数の目安　　30人の場合
- スズ………………10人　　小ダイコ…………1人
- タンブリン………8人　　大ダイコ…………1人
- カスタネット……10人

※楽器の使い方はP.108〜P.109参照。

●人数調整のしかた
- ・30人よりも多い時
  …小ダイコを1人増やす。スズを増やす。
- ・30人よりも少ない時
  …スズ、タンブリン、カスタネットを減らす。

●並び方の例

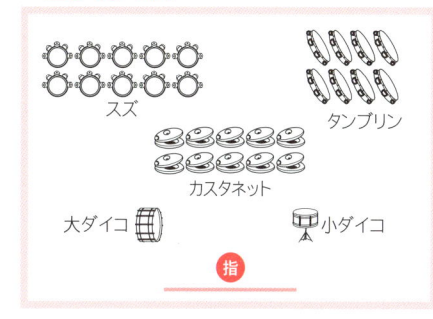

●演奏のバリエーション
- ・合奏→全員手拍子
  →合奏にしてもよいでしょう。

### 合奏指導の進め方

#### 導入の遊び
・♩♩♩‖のリズムを足と手で打って遊びます。

#### 合わせるときのコツ
・1拍目のピアノの音（前奏でいうと ♩♩♩）をよく聞いてから入るようにすると入りやすいです。

#### 合奏曲での練習方法
・♩♩♩♩‖のリズムは身体で感じる動作もつけて練習してみましょう。
例えば、ひざまげ（♩）、手拍子（♩）

#### しあげのポイント
・リズムにのって楽しくできるようにしましょう。

### 当日のアナウンス例

＊全員で同時に打つところが多いのでたいへんでしたが、心をひとつにして演奏します。子どもたちのすてきな演奏をお聞きください。

47

## 4歳児 茶色のこびん (1/3)

茶色のこびん (2/3)

4歳児

弾んで楽しそうに

茶色のこびん 2/3

CD 17

茶色のこびん (3/3)

## 4歳児

CD 18　02′48″

# オクラホマミキサー〜
# アマリリス〜オクラホマミキサー

オクラホマミキサー＝アメリカ民謡　アマリリス＝フランス民謡　編曲／佐藤千賀子

ジャンプするような元気な曲の『オクラホマミキサー』と、くるくる回るバレエのような踊りの曲『アマリリス』をつなげました。今にも踊りだしそうな、かわいい曲です。楽しい気持ちを表しましょう。

演奏順　A B C D D E D D B C

### 楽器編成と並び方の例

**● 楽器編成の例と人数の目安**　（30人の場合）

| スズ………………7人 | シンバル…………1人 |
|---|---|
| タンブリン………5人 | ウッドブロック…5人 |
| カスタネット……6人 | 小ダイコ…………1人 |
| トライアングル…4人 | 大ダイコ…………1人 |

※楽器の使い方はP.108〜P.110参照。

**● 人数調整のしかた**
・30人よりも多い時
　…スズ、タンブリン、カスタネットを増やす。
・30人よりも少ない時
　…スズ、タンブリン、ウッドブロックを減らす。

**● 並び方の例**

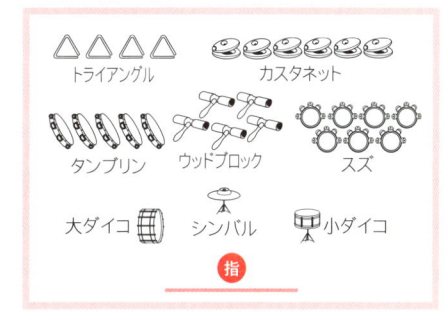

トライアングル　カスタネット
タンブリン　ウッドブロック　スズ
大ダイコ　シンバル　小ダイコ
指

**● 演奏のバリエーション**
・『オクラホマミキサー』（A B C）だけ、『アマリリス』（D D）だけでも演奏できます。

### 合奏指導の進め方

**♪ 導入の遊び ♪**
・4拍子に慣れるため、『オクラホマミキサー』に合わせて、ステップを踏んだり、リズムを取ったり、踊ったりしてみましょう。

**♪ 合奏曲での練習方法 ♪**
・4拍子の ♩♩♩♩‖ のリズムを、全員でして慣れましょう。
　　　　　　足 手 手
　次に、ペアになってしてみましょう。
・ふたつの楽器に持ち替えて、ペアでやってみましょう。
　　♩ ♩♩♩‖
　　スズ スズ スズ
　　タンブリン

**♪ 合わせるときのコツ ♪**
・アーフタクト（弱起）の ♪ がきちんと休めると、合わせられます。

打楽器
ピアノ

**♪ しあげのポイント ♪**
・D は、各楽器のソロになっています。各楽器で間違えないようにしましょう。途中で拍子が変わるので気をつけましょう。

### 当日のアナウンス例

＊2つの曲に挑戦します。楽器のソロパートもあったり、全員でいっしょに合わせるところもあったり、みんな一生懸命練習してきました。保護者の方もご存知の踊りたくなるような曲を、いっしょに楽しんでください。

51

# 4歳児 オクラホマミキサー～アマリリス～オクラホマミキサー (1/4)

オクラホマミキサー～アマリリス～オクラホマミキサー (2/4)

オクラホマミキサー〜アマリリス〜オクラホマミキサー (3/4)

オクラホマミキサー ～アマリリス～オクラホマミキサー (4/4)

# アイネ・クライネ・ナハトムジーク

**4歳児**

CD 19 Aパターン 01′37″
CD 20 Bパターン 01′37″

作曲／モーツァルト　編曲／佐藤千賀子

モーツァルトの曲の中でも有名な曲のひとつで、テレビ番組やCMでもよく使われています。
華やかな曲で会場を明るくしてくれます。

## 楽器編成と並び方の例

### ●楽器編成の例と人数の目安（30人の場合）

| | | | |
|---|---|---|---|
| スズ | 7人 | シンバル | 1人 |
| タンブリン | 6人 | ウッドブロック | 4人 |
| カスタネット | 6人 | 小ダイコ | 1人 |
| トライアングル | 4人 | 大ダイコ | 1人 |

※楽器の使い方はP.108〜P.109参照。

### ●人数調整のしかた
・30人よりも多い時
　…スズ、タンブリン、カスタネットをそれぞれ増やす。
・30人よりも少ない時
　…カスタネット、トライアングルを減らす。

### ●並び方の例

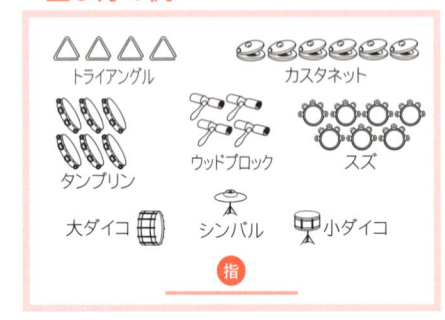

（トライアングル／カスタネット／タンブリン／ウッドブロック／スズ／大ダイコ／シンバル／小ダイコ／指）

### ●演奏のバリエーション
・短くしたい場合は、Dの部分を抜かしてもよいです。

## 合奏指導の進め方

### 🎵導入の遊び🎵
・♩♩｜♩♩｜　と2つに分かれてかけ合いのようにして、リズム打ちで遊んでみましょう。
（あチーム／いチーム）

### 🎵合奏曲での練習方法🎵
・Bは、楽器のそれぞれのペアになって、リズムを覚えましょう。

### 🎵合わせるときのコツ🎵
・急ぎがちなので、走らないように初めはゆっくり練習しましょう。
・全部の楽器いっしょに打つ時に、心をそろえて練習しましょう。

### 🎵しあげのポイント🎵
・Dは、各楽器がソロで演奏するので、各楽器の音色を効果的に聞かせるように、まとめるとよいでしょう。子どもたちには「お母さんやお父さんに自分の音を届けようね」など、自信をもって打つようにことばがけしましょう。

### 当日のアナウンス例

＊楽器を打つところが多いのでその分たくさん練習をしましたが、みんなで音を合わせる楽しさを体験しました。成長した子どもたちの姿をご覧ください。

アイネ・クライネ・ナハトムジーク (1/3)

4歳児

アイネ・クライネ・ナハトムジーク (2/3)

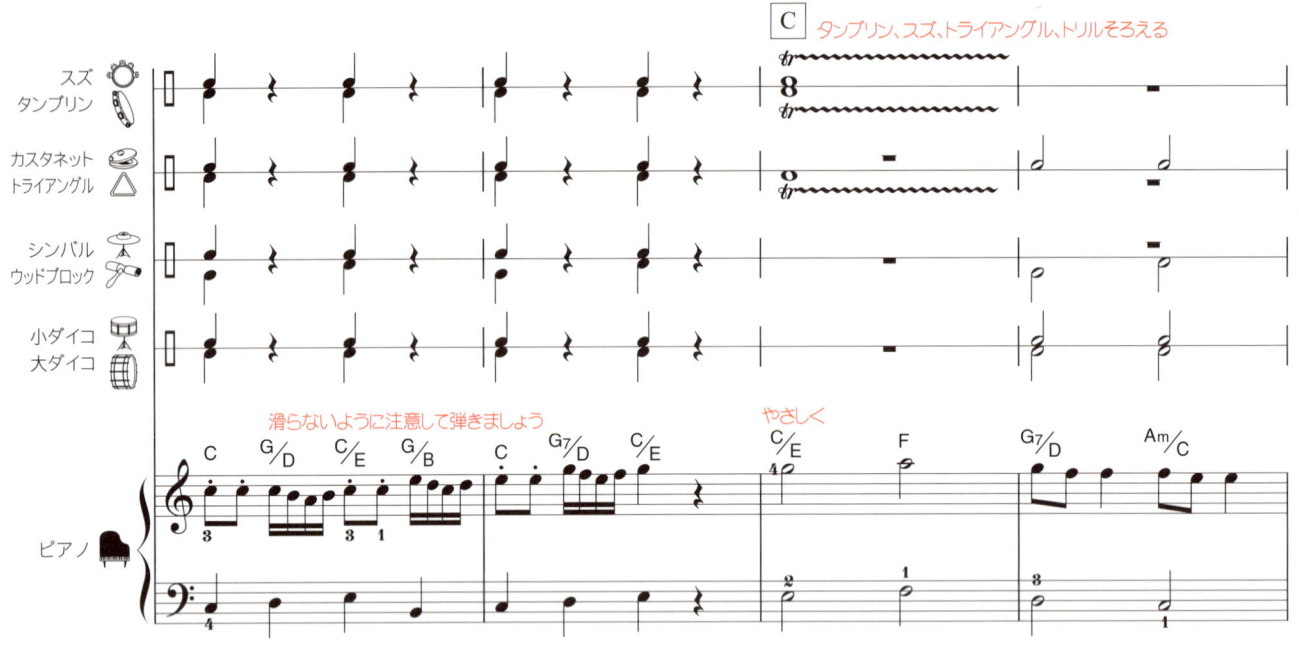

アイネ・クライネ・ナハトムジーク (3/3)

## 5歳児

**CD 21** 01′39″

# ボギー大佐

作曲／ケネス・ジョゼフ・アルフォード　編曲／佐藤千賀子

イギリスの軍楽隊のケネス・ジョゼフ・アルフォードが1914年に作曲。
日本ではゲームやアニメのBGM、CMでもよく使われています。
運動会でもよく使われているなじみのある曲です。

演奏順
| A | B | C 1. | | B | D 2. | | E | F D.S. |
| B % | C 1. | | B | D 2. | ⊕ | G ⊕ |

### 楽器編成と並び方の例

●楽器編成の例と人数の目安　　30人の場合

スズ…………4人　　小ダイコ………1人
タンブリン………4人　　大ダイコ………1人
カスタネット……5人　　鉄琴……………2人
トライアングル…3人　　木琴……………2人
シンバル…………1人　　鍵盤ハーモニカ…4人
ウッドブロック…3人　　※楽器の使い方はP.108〜P.110参照。

●並び方の例

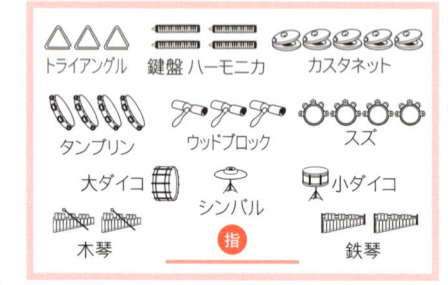

トライアングル　鍵盤ハーモニカ　カスタネット
タンブリン　ウッドブロック　スズ
大ダイコ　シンバル　小ダイコ
木琴　　　指　　　鉄琴

●人数調整のしかた
・30人よりも多い時……タンブリン、スズを増やす。
・30人よりも少ない時…鍵盤ハーモニカ、カスタネットを減らす。

●演奏のバリエーション
・短くしたい場合は、B% に移った後 C1. を演奏せずに
　D2. に移って演奏してもよいです。

### 合奏指導の進め方

**♪導入の遊び♪**
・CDを聞きながら、行進をして曲に親しみましょう。

**♪合わせるときのコツ♪**
・マーチなので、歩いてみてそのテンポでできるようにしましょう。

**♪合奏曲での練習方法♪**
・みんなで B の ♩♪♪♩♪♪♩♫ ♪ のリズムと、
　F の ♪♫♪ ♪ のリズムができるとまとまりやすいです。

**♪しあげのポイント♪**
・ABCD と EF の曲想の変化が出せるようにもって行きましょう。
・F で各楽器ソロで出てくるので、各楽器の持ち味を出すとよいでしょう。

### 当日のアナウンス例

＊CMでもよく流れている、子どもたちが大好きな曲です。各楽器のソロや、組み合わせパートもあります。
　それぞれの楽器が合わさって、みんなで曲を作り上げました。お聞きください。

ボギー大佐 (1/4)

# 5歳児 ボギー大佐 (2/4)

ボギー大佐 (3/4)

そろえて、元気よく
鉄琴
木琴
鍵盤ハーモニカ
スズ
タンブリン
カスタネット
トライアングル
シンバル
ウッドブロック
小ダイコ
大ダイコ
ピアノ
Dm
Am
E7

G
アクセントを強調する
鉄琴
木琴
鍵盤ハーモニカ
スズ
タンブリン
カスタネット
トライアングル
シンバル
ウッドブロック
小ダイコ
大ダイコ
ピアノ
Am
G7
ゆっくりのばして
D.S.
C

# 5歳児 凱旋行進曲「アイーダ」より

CD 22　00′54″

作曲／ヴェルディ　編曲／佐藤千賀子

紀元前のエジプトとエチオピアを舞台にしたオペラ「アイーダ」の第2幕第2場の曲。
悲劇的な物語の中でも、勇壮で華やかな凱旋のシーンです。
最近では、サッカー日本代表の応援歌としても使われました。

## 楽器編成と並び方の例

**●楽器編成の例と人数の目安**（30人の場合）

| | | | |
|---|---|---|---|
| スズ | 4人 | 小ダイコ | 1人 |
| タンブリン | 4人 | 大ダイコ | 1人 |
| カスタネット | 5人 | 鉄琴 | 2人 |
| トライアングル | 3人 | 木琴 | 2人 |
| シンバル | 1人 | 鍵盤ハーモニカ | 4人 |
| ウッドブロック | 3人 | | |

※楽器の使い方はP.108～P.110参照。

**●人数調整のしかた**
・30人よりも多い時……タンブリン、スズを増やす。
・30人よりも少ない時…タンブリン、カスタネットを減らす。

**●並び方の例**

（前列）トライアングル　鍵盤ハーモニカ　カスタネット
（中列）タンブリン　ウッドブロック　スズ
（後列）大ダイコ　小ダイコ　シンバル　鉄琴　木琴
指

**●演奏のバリエーション**

♩ ♫ ♪ ‖ のリズムを ♩ ♫ ♩ ‖ にすると少しやさしく演奏できます。

## 合奏指導の進め方

### 🎵導入の遊び🎵
・♫ のリズムをスキップして覚えましょう。

### 🎵合奏曲での練習方法🎵
・みんなでこの曲に出てくるリズム ♩ ♫ ♪ ‖ と ♩ ♩ ‖ を練習してから、楽器の分担をするとよいでしょう。

### 🎵合わせるときのコツ🎵
・左手、右手の指揮をきちんと見て打ちましょう。

### 🎵しあげのポイント🎵
・♫ と 3連符 と ♫ のリズムをしっかり区別して打てるように注意しましょう。
・ピアノの3連符に注意しましょう。

## 当日のアナウンス例

・曲を聞きながら、どんなイメージがするかな？　とみんなで話し合い、心で感じたイメージを持ちながら、練習してきました。園生活最後の発表会、子どもたちのたくましい晴れやかな演奏をお聞きください。

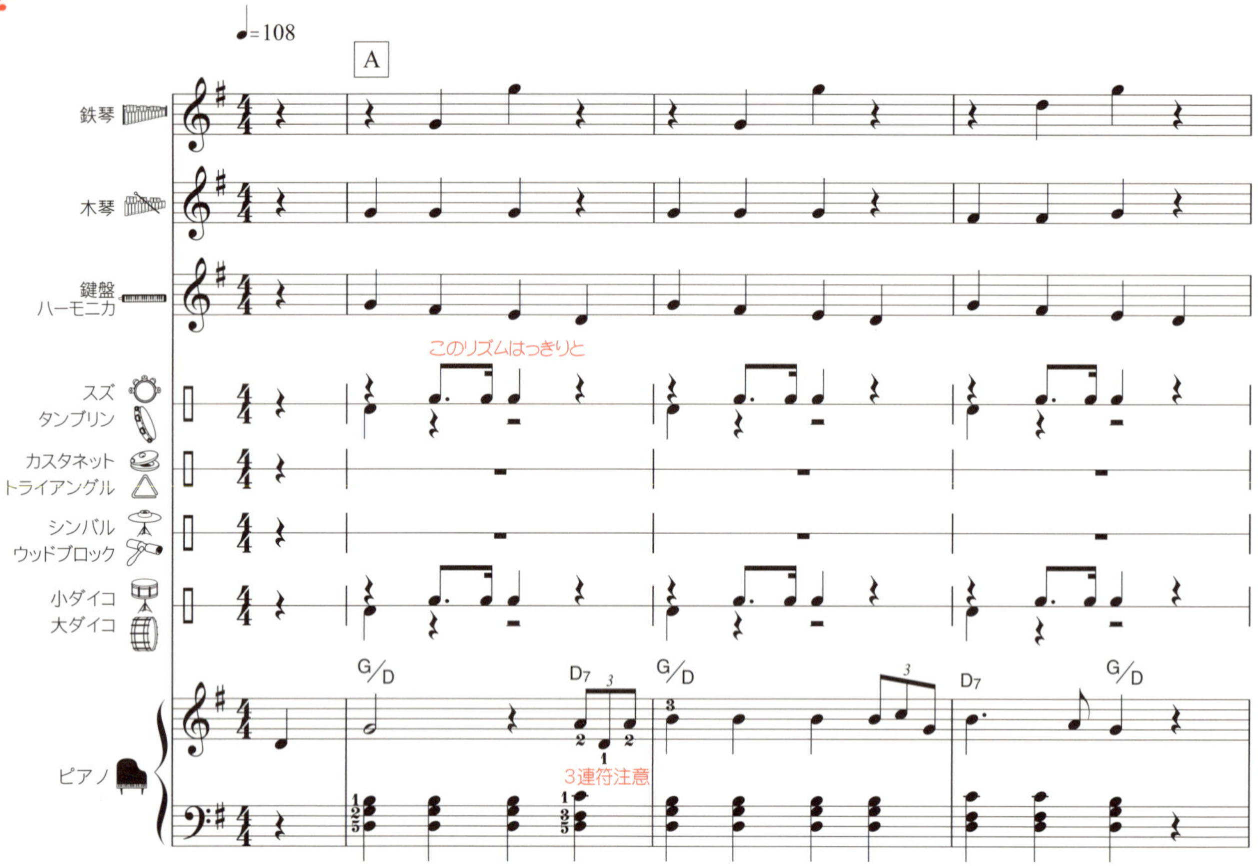


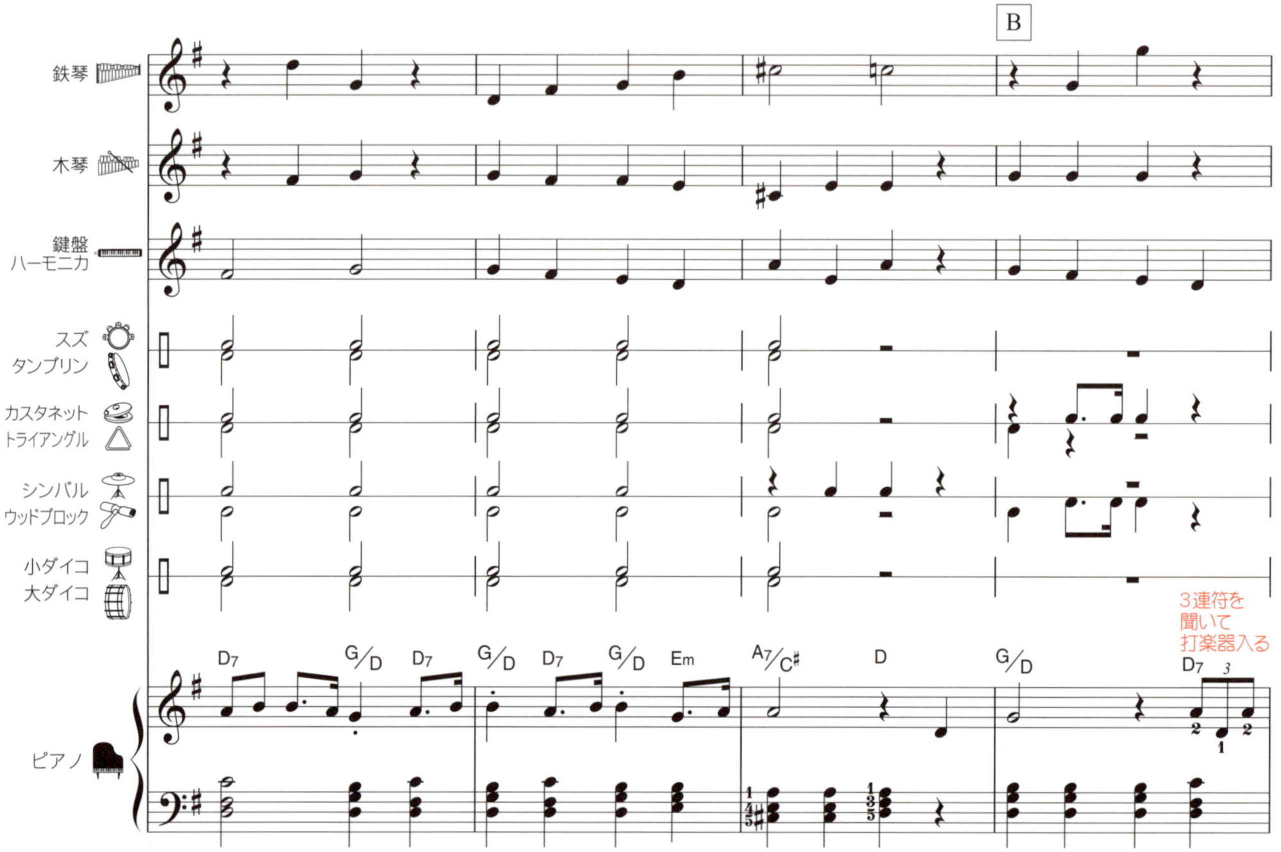


5歳児
凱旋行進曲「アイーダ」より 1/3
CD 22

凱旋行進曲「アイーダ」より (2/3)

凱旋行進曲「アイーダ」より (3/3)

# 5歳児

CD 23 Aパターン 02'03"
CD 24 Bパターン 02'03"

## 春「四季」より

作曲／ヴィヴァルディ　編曲／佐藤千賀子

「春」は、ヴィヴァルディ作曲の12曲からなるバイオリン協奏曲集「四季」の第1番。軽やかで華やかなメロディは、心弾みます。

### 楽器編成と並び方の例

**●楽器編成の例と人数の目安**　（30人の場合）

| | |
|---|---|
| スズ…………4人 | 小ダイコ…………1人 |
| タンブリン……3人 | 大ダイコ…………1人 |
| カスタネット……4人 | 鉄琴………………2人 |
| トライアングル…4人 | 木琴………………2人 |
| シンバル…………1人 | 鍵盤ハーモニカ…4人 |
| ウッドブロック…4人 | |

※楽器の使い方はP.108～P.110参照。

**●人数調整のしかた**

・30人よりも多い時
　…小ダイコ1人、タンブリン、スズを増やす。
・30人よりも少ない時
　…ウッドブロック、トライアングルを減らす。

**●並び方の例**

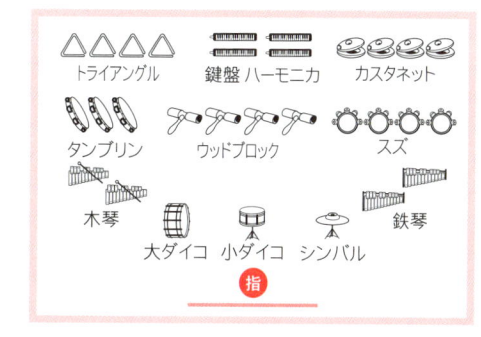

トライアングル　鍵盤ハーモニカ　カスタネット
タンブリン　ウッドブロック　スズ
木琴　大ダイコ　小ダイコ　シンバル　鉄琴
指

**●演奏のバリエーション**

・短くしたい場合は、CDを抜かしてもよいです。

### 合奏指導の進め方

♪**導入の遊び**♪

・付属のCDを流しながら、身体を揺らしたり弾ませたりして、曲のイメージを膨らませましょう。

♪**合奏曲での練習方法**♪

・基本の♩♩♩♩のリズムと－♩♪｜と♩．－｜のリズムをしっかり打てるようにしましょう。

♪**合わせるときのコツ**♪

・出だしをそろえて全体的に急がずにゆっくり練習しましょう。

♪**しあげのポイント**♪

・組み合わせのリズム（例えば、スズ／タンブリン ♩♩♩♩｜）のそれぞれのパートの聞かせどころを大切にしてまとめましょう。

### 当日のアナウンス例

＊春の華やかなイメージを膨らませて演奏します。ペアの楽器の組み合わせで音を出すところは、相手の音を聞きながら練習しました。子どもたちの心がひとつになります。ゆっくりお聞きください。

## 5歳児 春「四季」より (1/6)

春「四季」より (2/6)

鉄琴
木琴
鍵盤ハーモニカ
スズ
タンブリン
カスタネット
トライアングル
シンバル
ウッドブロック
小ダイコ
大ダイコ
ピアノ
F G C F G
半音しっかり弾く
半音しっかり弾く

C
B に続いて、組み合わせパートの聞かせどころ（CD㉔ Bパターン）
鉄琴
木琴
鍵盤ハーモニカ
スズ
タンブリン
カスタネット
トライアングル
シンバル
ウッドブロック
小ダイコ
大ダイコ
ピアノ右手はこのように弾くと華やかになります（CD㉔ Bパターン）
C G C G C G C G
ピアノ
f
p
1 2 5 3 5 1
fとpの変化をつけて
強く 弱く

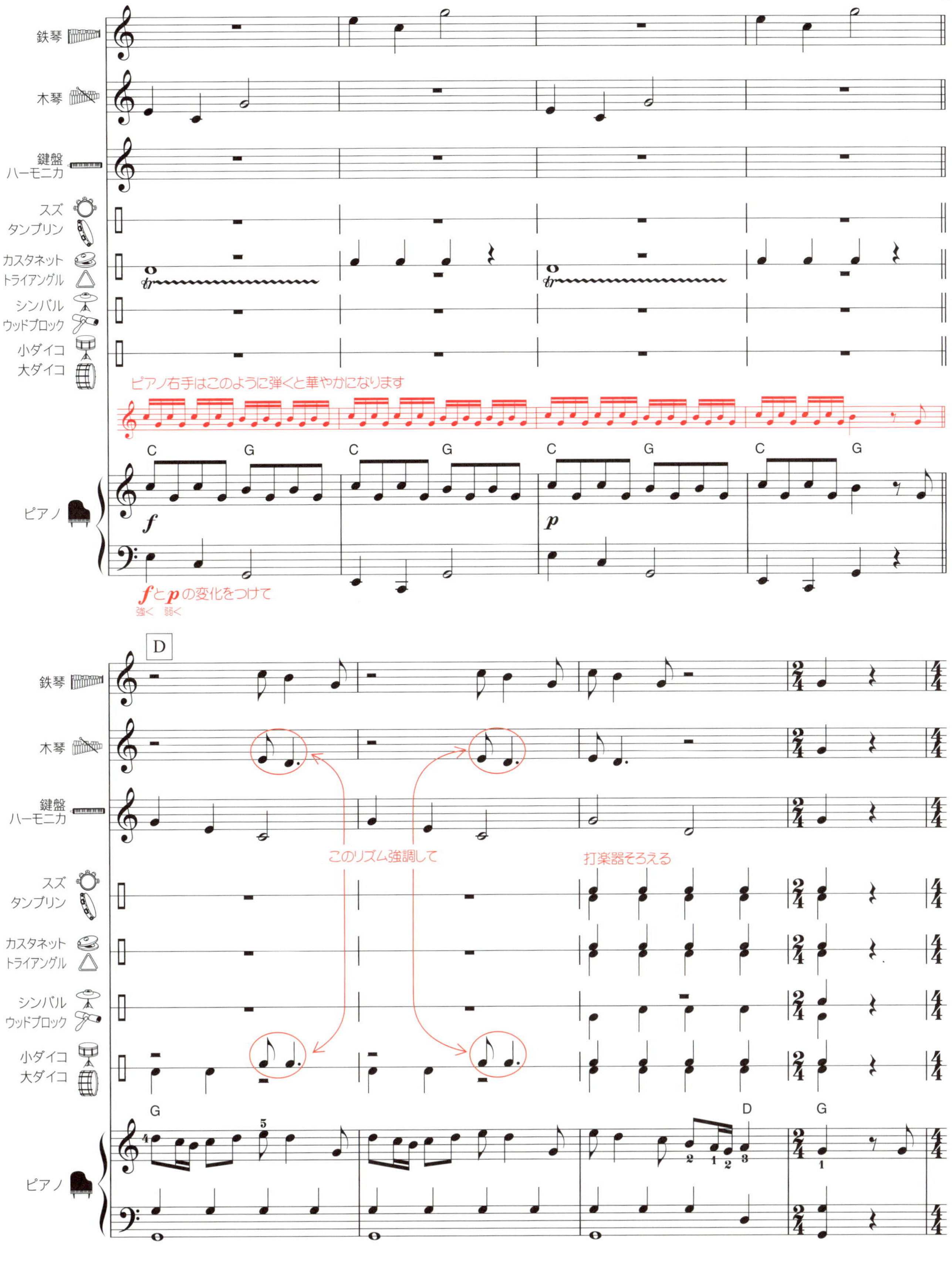
鉄琴
木琴
鍵盤ハーモニカ
スズ
タンブリン
カスタネット
トライアングル
シンバル
ウッドブロック
小ダイコ
大ダイコ
ピアノ右手はこのように弾くと華やかになります
ピアノ
C G C G C G C G
f p
fとpの変化をつけて
強く 弱く
D
このリズム強調して
打楽器そろえる
G D G

鉄琴
木琴
鍵盤ハーモニカ
打楽器そろえる
スズ
タンブリン
カスタネット
トライアングル
シンバル
ウッドブロック
小ダイコ
大ダイコ
ピアノ
G
D
G
半音ずつ上がっているところ
はっきり弾く

E
鉄琴
木琴
鍵盤ハーモニカ
スズ
タンブリン
カスタネット
トライアングル
シンバル
ウッドブロック
小ダイコ
大ダイコ
ピアノ
Am
Dm
G
C

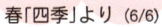

春「四季」より (6/6)

# 5歳児

**CD 25** 01'51"

# ファランドール「アルルの女」より

作曲／ビゼー　編曲／佐藤千賀子

アルルとはフランスの一地方名です。組曲「アルルの女」の第2番で、「ファランドール」とはフランスの踊りの音楽です。はじまりの「王の行進」は迫力ある音を堂々と思い切り出しましょう。曲調が変わるところは「馬のダンス」の軽快なリズムを楽しみましょう。

## 楽器編成と並び方の例

### ●楽器編成の例と人数の目安

30人の場合

| | | | |
|---|---|---|---|
| スズ | 4人 | 小ダイコ | 1人 |
| タンブリン | 3人 | 大ダイコ | 1人 |
| カスタネット | 4人 | 鉄琴 | 2人 |
| トライアングル | 4人 | 木琴 | 2人 |
| シンバル | 1人 | 鍵盤ハーモニカ | 4人 |
| ウッドブロック | 4人 | | |

※楽器の使い方はP.108〜P.110参照。

### ●人数調整のしかた
・30人よりも多い時……タンブリンを増やす。
・30人よりも少ない時
…ウッドブロック、トライアングルを減らす。

### ●並び方の例

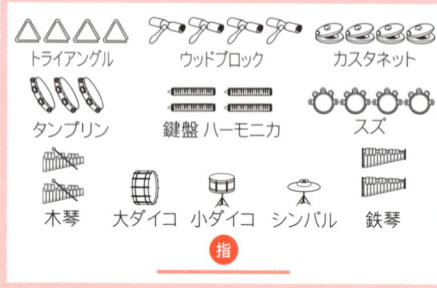

（トライアングル、ウッドブロック、カスタネット、タンブリン、鍵盤ハーモニカ、スズ、木琴、大ダイコ、小ダイコ、シンバル、鉄琴）
指

※木琴、鉄琴は左右に並んでもよいでしょう。
※ウッドブロックと鍵盤ハーモニカは前後でもよいです。

### ●演奏のバリエーション
・短くする場合は、Dを抜いてD.C.に行ってもよいでしょう。

## 合奏指導の進め方

### 導入の遊び
・付属のCDに合わせて「王の行進」をイメージして、堂々と行進してみましょう。また、曲調が変わる途中からは、「馬のダンス」のイメージで踊ってみましょう。
・♩♩♩♪‖ と ♩♩♩♩♩｜♩♩♩♩‖ のリズムを足と手で打って遊びましょう。

### 合奏曲での練習方法
・BDのメロディーが似ていますが、音が違うので、間違えないようにしましょう。

### 合わせるときのコツ
・Bの ♪｜♩♩♩♩ このピアノの音をよく聞いてから、音をそろえて入りましょう。
・A ♩=104、Bの2小節目♩=120 というようにテンポが変わるので注意しましょう。

### しあげのポイント
・全体的に元気よく、快活にしあげましょう。

## 当日のアナウンス例

CD 25

＊「王の行進」「馬のダンス」のイメージを思い浮かべながら、たくさん練習しました。ソロのパートもペアのパートもあります。合奏を通して、ひとりひとりの音が合わさってひとつの曲に仕上がっていくことを体験しました。子どもたちにとって心に残る貴重な経験となりました。堂々と、そして軽快なリズムの、子どもたちの演奏をお聞きください。

ファランドール「アルルの女」より (1/5)

## 5歳児 ファランドール「アルルの女」より (2/5)

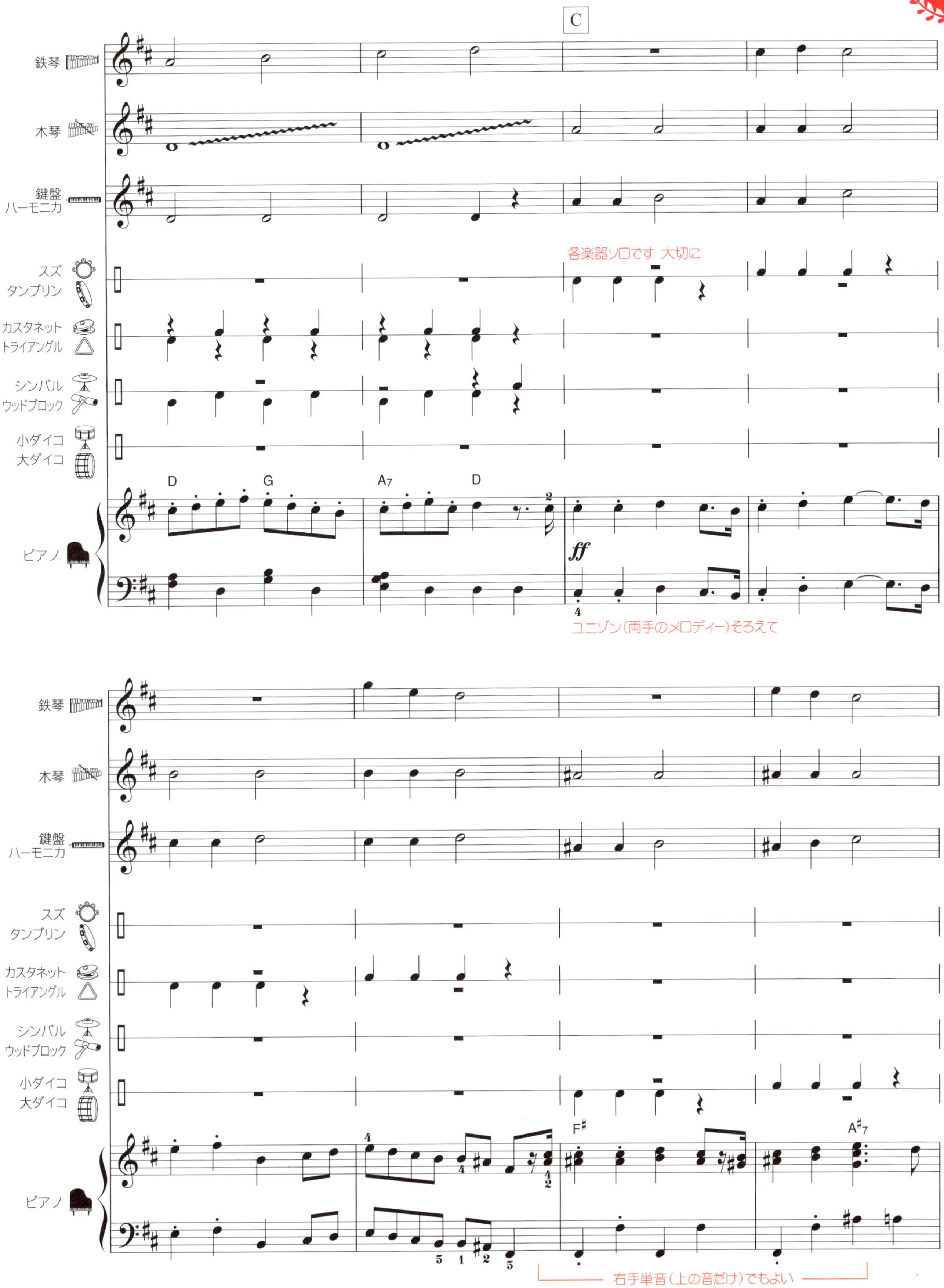
C
鉄琴
木琴
鍵盤ハーモニカ
スズ
タンブリン
カスタネット
トライアングル
シンバル
ウッドブロック
小ダイコ
大ダイコ
ピアノ
D
G
A7
D
各楽器ソロです 大切に
ff
ユニゾン(両手のメロディー)そろえて
F♯
A♯7
右手単音(上の音だけ)でもよい

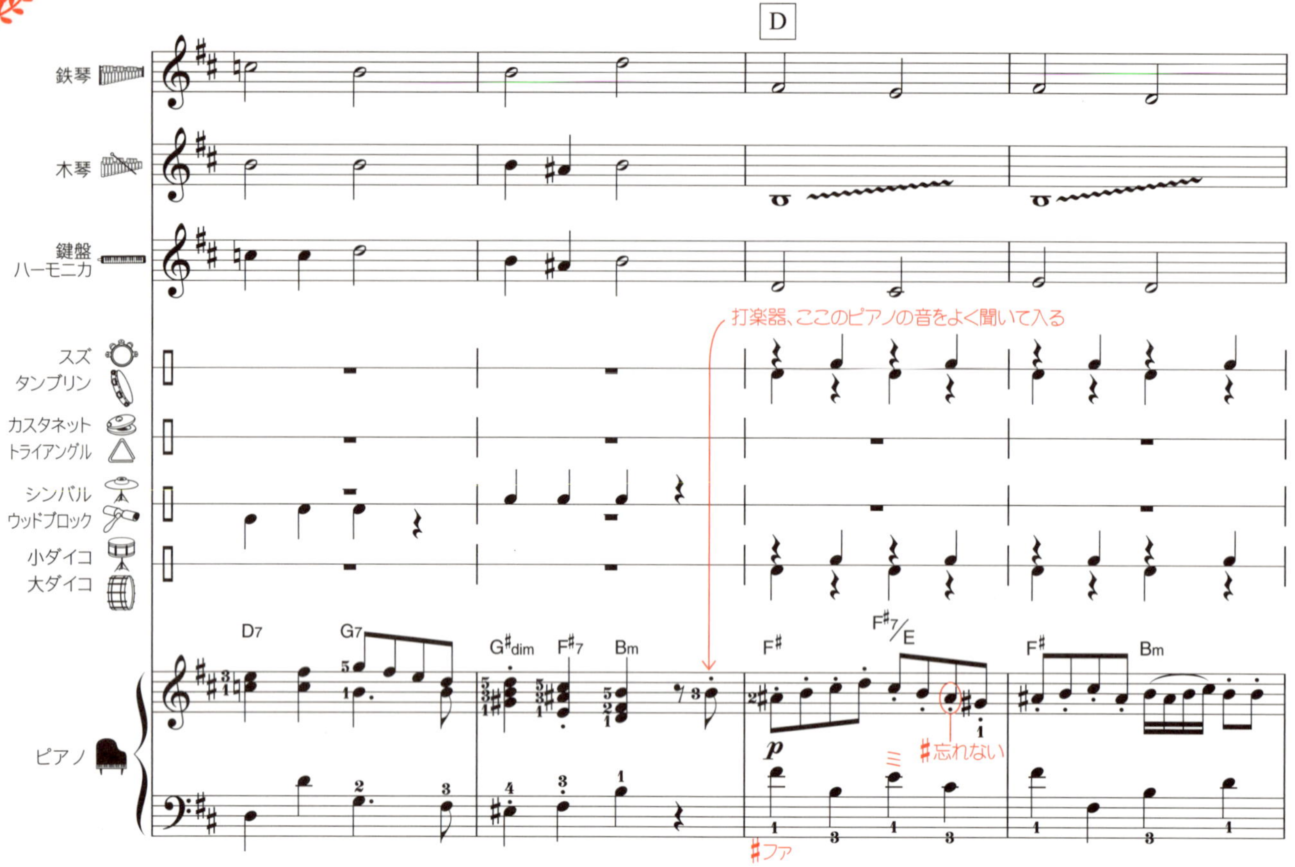
D
鉄琴
木琴
鍵盤ハーモニカ
スズ
タンブリン
カスタネット
トライアングル
シンバル
ウッドブロック
小ダイコ
大ダイコ
ピアノ
D7
G7
G♯dim
F♯7
Bm
F♯
F♯7/E
打楽器、ここのピアノの音をよく聞いて入る
ミ
♯忘れない
♯ファ

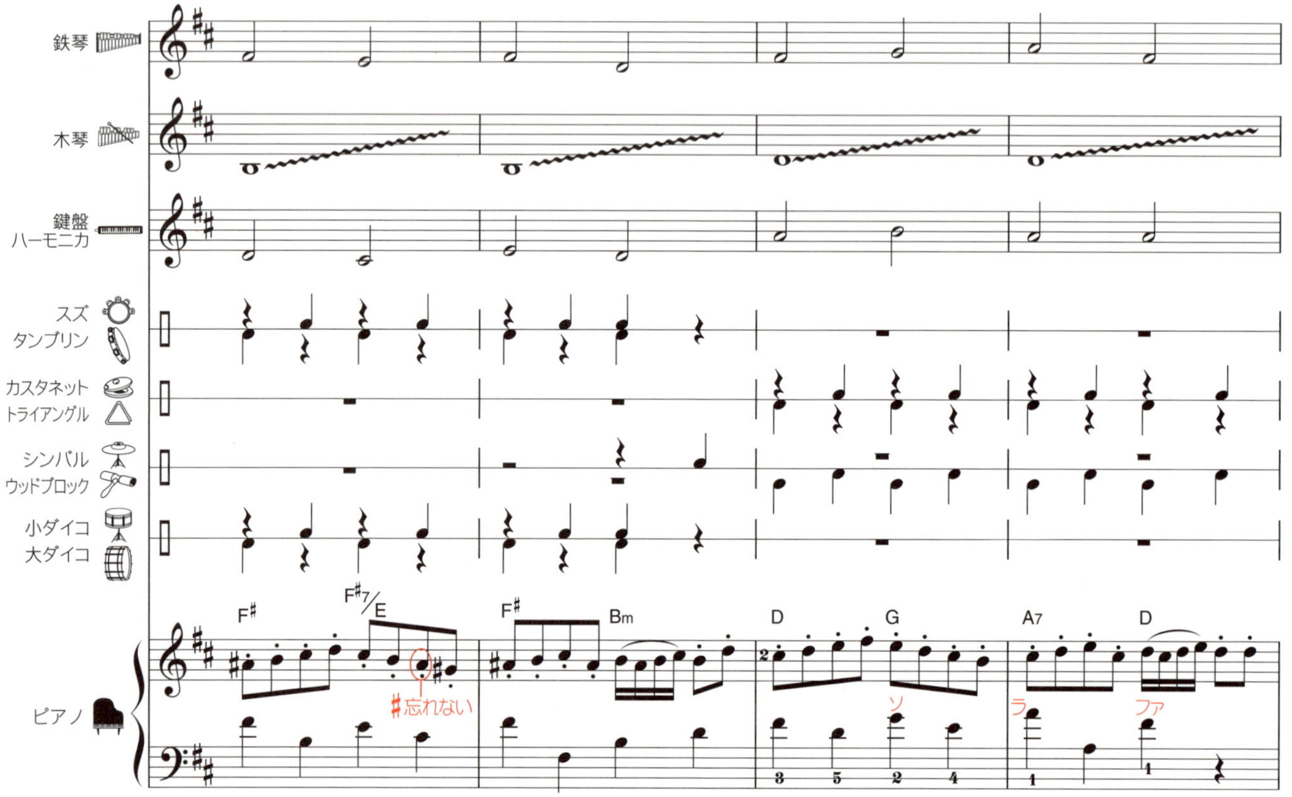
鉄琴
木琴
鍵盤ハーモニカ
スズ
タンブリン
カスタネット
トライアングル
シンバル
ウッドブロック
小ダイコ
大ダイコ
ピアノ
F♯
F♯7/E
Bm
D
G
A7
♯忘れない
ソ
ラ
ファ

ファランドール「アルルの女」より (5/5)

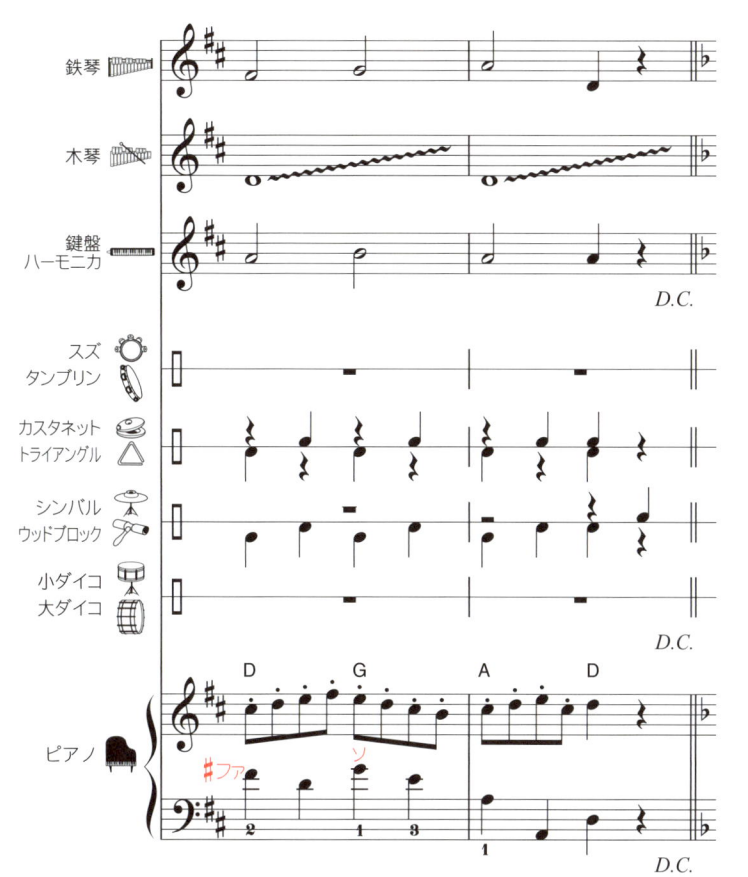

# 5歳児 エンターテイナー

CD 26　02'26"

作曲／スコット・ジョプリン　編曲／佐藤千賀子

軽快なリズムが心地良い曲です。
リズムにのって楽しみましょう。

― 演奏順 ―
A B T. C C' B 2. D D.S. B § to ⊕ E ⊕ Coda

## 楽器編成と並び方の例

### ●楽器編成の例と人数の目安

30人の場合

| | |
|---|---|
| スズ………………5人 | 小ダイコ…………1人 |
| タンブリン………4人 | 大ダイコ…………1人 |
| カスタネット……5人 | 鉄琴………………2人 |
| トライアングル…2人 | 木琴………………2人 |
| シンバル…………1人 | 鍵盤ハーモニカ…4人 |
| ウッドブロック…3人 | |

※楽器の使い方はP.108〜P.110参照。

### ●人数調整のしかた

・30人よりも多い時……トライアングル、ウッドブロックを増やす。
・30人よりも少ない時…スズ、カスタネットを減らす。

### ●並び方の例

トライアングル　鍵盤ハーモニカ　カスタネット
タンブリン　ウッドブロック　スズ
大ダイコ　シンバル　小ダイコ
木琴　　　指　　　鉄琴

### ●演奏のバリエーション

・短くする場合は
A B T. C C'
B § to ⊕ E ⊕ Coda
というように演奏してもよいでしょう。

## 合奏指導の進め方

### ♪導入の遊び♪

・シンコペーションのリズム（小節のはじめではない音が強くなる）をつかむために言葉で言って遊びましょう。
　例：ロケット、ロボット、スカート
　　　♪♩ ♪、♩ ♪、♩ ♪

### ♪合奏曲での練習方法♪

・BとCと、それぞれ練習してから合わせていきましょう。

### ♪合わせるときのコツ♪

・全体、急がないように注意しましょう（P.83〜87の朱書きを参照）。

### ♪しあげのポイント♪

・リズムにのって楽しみましょう。

## 当日のアナウンス例

＊子どもたちはこの明るい曲が大好きです。楽器のペアの音を意識しながら、練習しました。長い曲にもがんばって取り組んできた子どもたちの姿をしっかりとご覧ください。

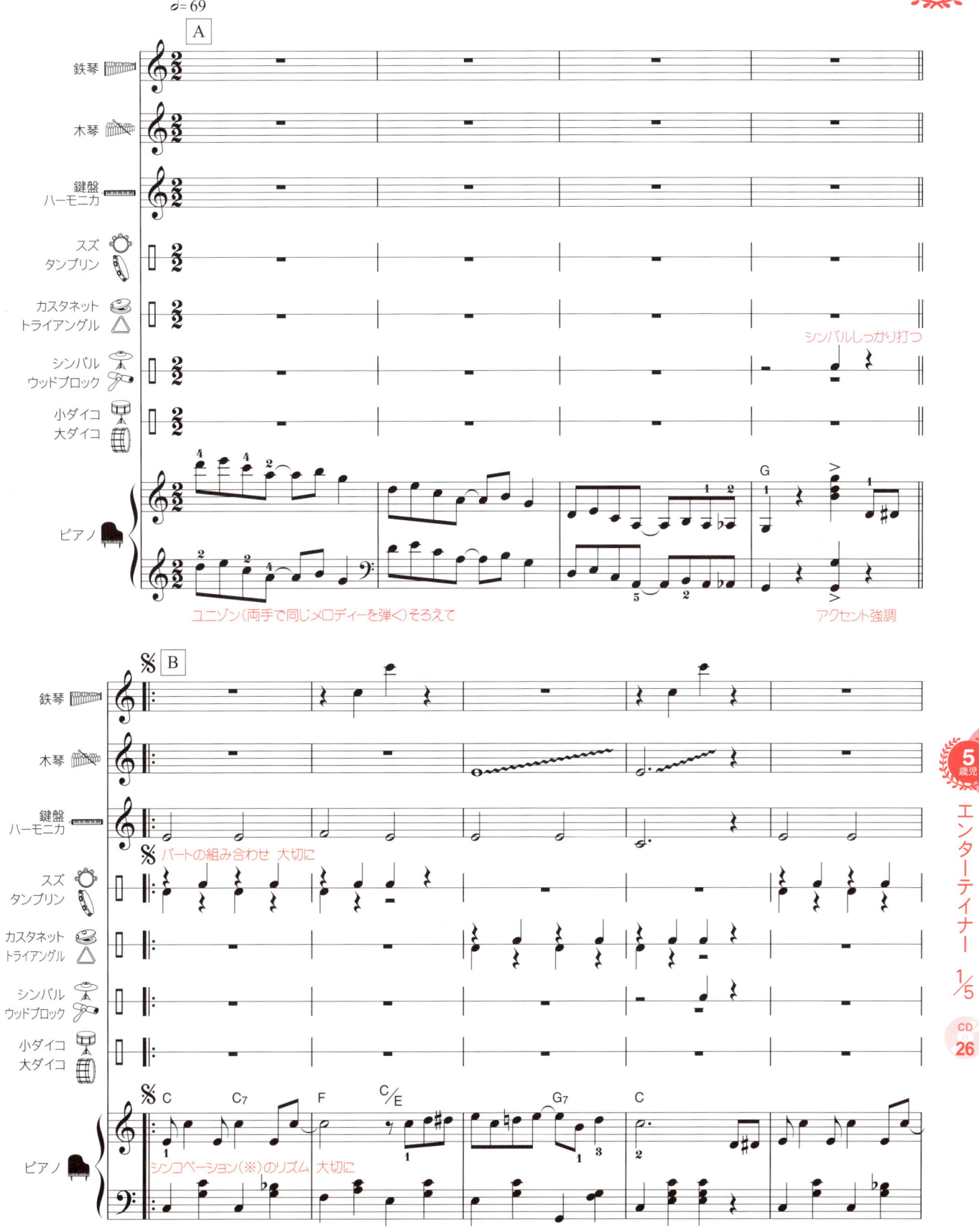

エンターテイナー (1/5)

エンターテイナー (2/5)

エンターテイナー (3/5)

エンターテイナー (4/5)

エンターテイナー (5/5)

# 5歳児 威風堂々

CD 27　02'01"

作曲／エドワード・エルガー　編曲／佐藤千賀子

合奏の定番曲です。はじめの軽快なリズムから、途中で壮大なゆったりとした曲調に変わります。子どもたちの成長も感動とともに伝わるでしょう。

## 楽器編成と並び方の例

### ●楽器編成の例と人数の目安

**30人の場合**

| | |
|---|---|
| スズ…………5人 | 小ダイコ………1人 |
| タンブリン……4人 | 大ダイコ………1人 |
| カスタネット……5人 | 鉄琴……………2人 |
| トライアングル…2人 | 木琴……………2人 |
| （ウインドチャイムがあれば、2人部分的に交代） | 鍵盤ハーモニカ…4人 |
| シンバル………1人 | |
| ウッドブロック…3人 | |

※楽器の使い方はP.108〜P.110参照。

### ●人数調整のしかた

・30人よりも多い時
　…トライアングル、ウッドブロックを増やす。
・30人よりも少ない時
　…スズ、カスタネットを減らす。

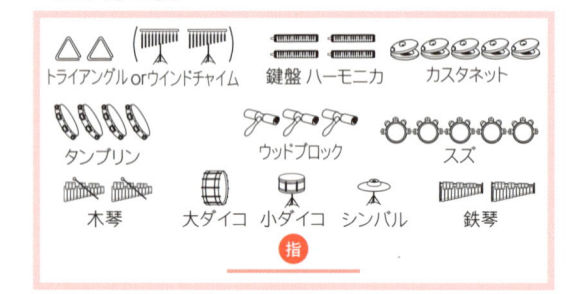

### ●並び方の例

（トライアングルorウインドチャイム　鍵盤ハーモニカ　カスタネット　タンブリン　ウッドブロック　スズ　木琴　大ダイコ　小ダイコ　シンバル　鉄琴　指）

### ●演奏のバリエーション

・ウインドチャイムがあった場合、トライアングルの子どもがウインドチャイムの部分も演奏します。

## 合奏指導の進め方

### ♪導入の遊び♪

・2/4 ♩♩｜♬♬‖ のリズムを、CDに合わせて足と手で打ってみましょう。
（足　手）

### ♪合奏曲での練習方法♪

・自分のソロパートを打てるようにするために、各パートソロの部分を把握し、ほかの子どものときは、きちんと聞くようにしましょう。音を出す楽器の順番に「1番目のグループ」「2番目のグループ」…、と呼んで示すのもよいでしょう。

### ♪合わせるときのコツ♪

・テンポの変化に気づいて意識することが大切です。
　A B C は♩=92、D E は♩=72、F は♩=92
・ピアノの2小節目、滑らないようにしっかり弾きましょう。

### ♪しあげのポイント♪

・各パートの出番を強調して、表現するようにしましょう。

## 当日のアナウンス例

＊長くて、途中で曲調が変わる少し難しい曲でしたが、子どもたち全員で気持ちをひとつにして合わせました。それぞれの楽器のソロのパートもあります。子どもたちの最後の発表会、体も心も成長した子どもたちの姿をご覧ください。

♩=92
A
いきいきと
鉄琴
木琴
鍵盤
ハーモニカ
スズ
タンブリン
カスタネット
トライアングル
シンバル
ウッドブロック
小ダイコ
大ダイコ
ピアノ
滑らないで
C
ド
シ
左手、しっかり音を出す
G7
C

B
気分を変えて
鉄琴
木琴
鍵盤ハーモニカ
スズ
タンブリン
カスタネット
トライアングル
シンバル
ウッドブロック
小ダイコ
大ダイコ
ピアノ
Am7/G
Bm7-5/F
Am7/G
F#m-5/A
Am7/G

C
鉄琴
木琴
鍵盤ハーモニカ
スズ
タンブリン
カスタネット
トライアングル
やさしく
(or ウィンドチャイム)
シンバル
ウッドブロック
小ダイコ
大ダイコ
ピアノ
A/G
ユニゾンそろえる(両手の音をそろえる)

D
♩= 72
ゆっくり 堂々と
E
鉄琴
木琴
木琴は、上のパート、下のパートに分かれて
ふたりで演奏してもよい
鍵盤
ハーモニカ
ソロパート聞かせる
スズ
タンブリン
カスタネット
トライアングル
シンバル
ウッドブロック
シンバル・ウッドブロック 2回目のみ
小ダイコ
大ダイコ
小ダイコ・大ダイコ 1回目のみ
右手しっかりとメロディーを弾く
C
F
C/G
ピアノ
ド
ファ
Dm/A
Dm7/A
B♭
F/C
G/B

鉄琴
木琴
鍵盤ハーモニカ
スズ
タンブリン
カスタネット
トライアングル
シンバル
ウッドブロック
小ダイコ
大ダイコ
ピアノ
スズ・タンブリン 1回目のみ
カスタネット・トライアングル 2回目のみ
C
F
G7/F
C/E
Am
1. Dm7
ミ
G7
C
C7
2. B♭
C7
F
ファ
ソ

威風堂々 (5/6)

## 5歳児 威風堂々 (6/6)

弾きにくいときは、これでもよい

**5歳児**

CD 28　01′18″

# トリッチ・トラッチ・ポルカ

作曲／ヨハン・シュトラウス2世　編曲／佐藤千賀子

テレビやCM、映画でも使われ、ニューイヤーコンサートでもおなじみの軽快なリズムの楽しい曲です。「トリッチ・トラッチ」とはドイツ語で「女のおしゃべり」という意味で、曲名は「おしゃべりのポルカ」といったところです。

## 楽器編成と並び方の例

### ●楽器編成の例と人数の目安　30人の場合

| | |
|---|---|
| スズ…………5人 | 小ダイコ………1人 |
| タンブリン……4人 | 大ダイコ………1人 |
| カスタネット…4人 | 鉄琴……………2人 |
| トライアングル…4人 | 木琴……………2人 |
| シンバル………1人 | 鍵盤ハーモニカ…6人 |

※楽器の使い方はP.108〜P.110参照。

### ●人数調整のしかた

・30人よりも多い時……カスタネットを増やす。
・30人よりも少ない時…鍵盤ハーモニカを減らす。

### ●並び方の例

トライアングル　鍵盤ハーモニカ　カスタネット
タンブリン　　　　　　　　　　　スズ
木琴　大ダイコ　小ダイコ　シンバル　鉄琴
　　　　　　　　指

### ●演奏のバリエーション

・長くしたい場合は、最後の F の後、 B に戻るとよいです。
・ウッドブロックを使う場合は、大ダイコ、小ダイコのパートと同様のリズムで打ちます。

## 合奏指導の進め方

### 🎼導入の遊び🎼

・2/4 のリズムが特徴なので、CDに合わせて足と手で打ってみましょう。

### 🎼合奏曲での練習方法🎼

・メロディーがアーフタクト（弱起）で始まっているので、その部分をしっかり覚えましょう。

### 🎼合わせるときのコツ🎼

・ A B C …部分ごとに練習するようにしましょう。

### 🎼しあげのポイント🎼

・ E は、♩♩♩♩ のアフタービート（後にそろうリズム）なので、強調すると曲の特徴が出ます。

## 当日のアナウンス例

＊小刻みなリズムの曲なので合わせるのがとても難しかったです。ペアの楽器の音と自分の音をしっかり聞いて、繰り返し練習しました。全員で音を合わせるところも聞きどころです。みんなでがんばってひとつの曲にしあげました。子どもたちのすてきな合奏をお聞きください。

トリッチ・トラッチ・ポルカ (1/6)

トリッチ・トラッチ・ポルカ (2/6)

トリッチ・トラッチ・ポルカ (3/6)

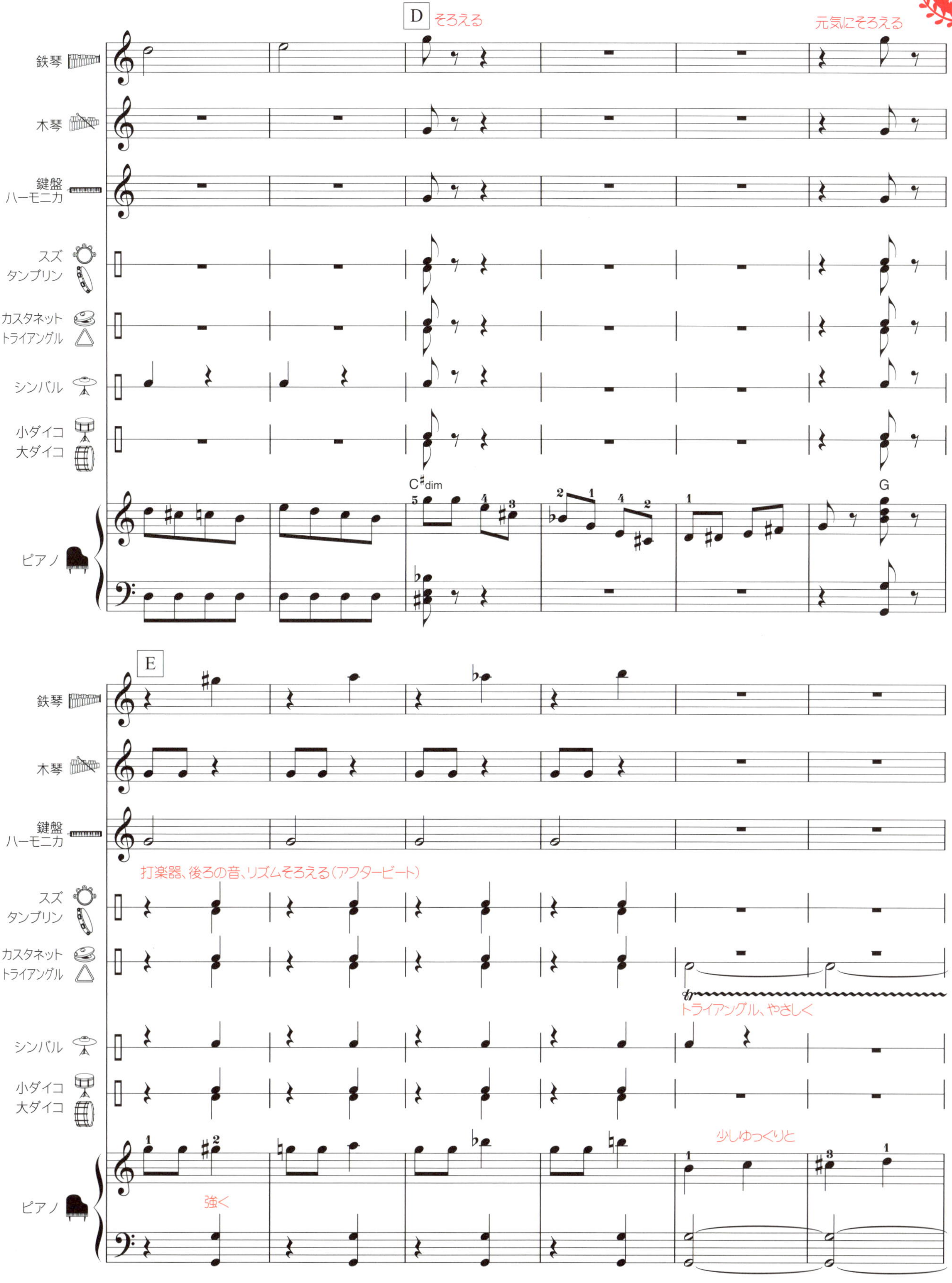
D
そろえる
元気にそろえる
鉄琴
木琴
鍵盤ハーモニカ
スズ
タンブリン
カスタネット
トライアングル
シンバル
小ダイコ
大ダイコ
ピアノ
C♯dim
G
E
打楽器、後ろの音、リズムそろえる（アフタービート）
トライアングル、やさしく
少しゆっくりと
強く

F 初めと同様の気分で
鉄琴
木琴
鍵盤ハーモニカ
スズ
タンブリン
カスタネット
トライアングル
シンバル
小ダイコ
大ダイコ
ピアノ
C
G7
rit. だんだんゆっくり
a tempo 初めの速さに戻る
tr
2拍の間で

トリッチ・トラッチ・ポルカ (6/6)

# 5歳児 カルメン序曲

CD 29　02'15"

作曲／ビゼー　編曲／佐藤千賀子

フランスのオペラ『カルメン』の第1幕における前奏曲で、テレビやCDでも頻繁に使われています。耳になじんだ曲は、楽しく、とても迫力のある合奏になります。

## 楽器編成と並び方の例

### ●楽器編成の例と人数の目安

30人の場合

| | | | |
|---|---|---|---|
| スズ | 4人 | 小ダイコ | 1人 |
| タンブリン | 4人 | 大ダイコ | 1人 |
| カスタネット | 4人 | 鉄琴 | 2人 |
| トライアングル | 3人 | 木琴 | 2人 |
| シンバル | 1人 | 鍵盤ハーモニカ | 4人 |
| ウッドブロック | 4人 | | |

※楽器の使い方はP.108〜P.110参照。

### ●人数調整のしかた

・30人よりも多い時
　…スズ、カスタネット、小ダイコ（1人）、鍵盤ハーモニカを増やす。
・30人よりも少ない時
　…タンブリン、トライアングルを減らす。

### ●並び方の例

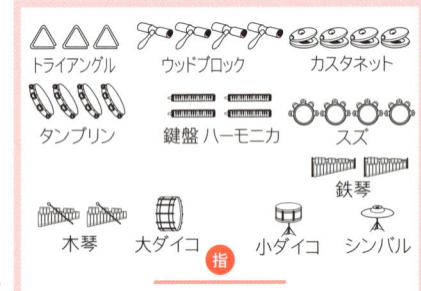

トライアングル　ウッドブロック　カスタネット
タンブリン　鍵盤ハーモニカ　スズ
　　　　　　　　　　　　　鉄琴
木琴　大ダイコ　小ダイコ　シンバル
指

### ●演奏のバリエーション

・短く演奏する場合は、ABCAで終わってもよいです。

## 合奏指導の進め方

### 🎼 導入の遊び 🎼

・♪♪｜♪♪‖のリズムをいろんな楽器で遊んでみましょう。

### 🎼 合奏曲での練習方法 🎼

・8分音符（♪）が多いので、走らないように注意して練習しましょう。
・楽器を持つ前に、手や足でリズムをとれるようにするとよいでしょう。

### 🎼 合わせるときのコツ 🎼

・細かい音符をお互いよく聞くようにしましょう。

### 🎼 しあげのポイント 🎼

・ABとCDとFの曲想の変化を表現できるようにしましょう。

## 当日のアナウンス例

＊早いリズムの曲なので、全員で合わせるのにたくさん練習をしました。ひとつひとつの楽器の音が合わさると、とてもすてきな曲になることを体験し、協力すること、お互いを思いやることなど、さまざまなことを得たのではないかと思います。子どもたちの最後の発表会、クラスのみんなと心をひとつにした演奏を、子どもたちひとりひとりの姿を温かく見守りながらお聞きください。

♩=104
A
鉄琴
休み注意
木琴
鍵盤ハーモニカ
スズ
タンブリン
カスタネット
トライアングル
シンバル力強く
シンバル
ウッドブロック
小ダイコ
大ダイコ
弾んで元気に
G
ド
C
ミレ
C
D
ピアノ

鉄琴
木琴
鍵盤ハーモニカ
スズ
タンブリン
カスタネット
トライアングル
シンバル
ウッドブロック
小ダイコ
大ダイコ
G
B♭
レ
D
レ
レ
G
ピアノ

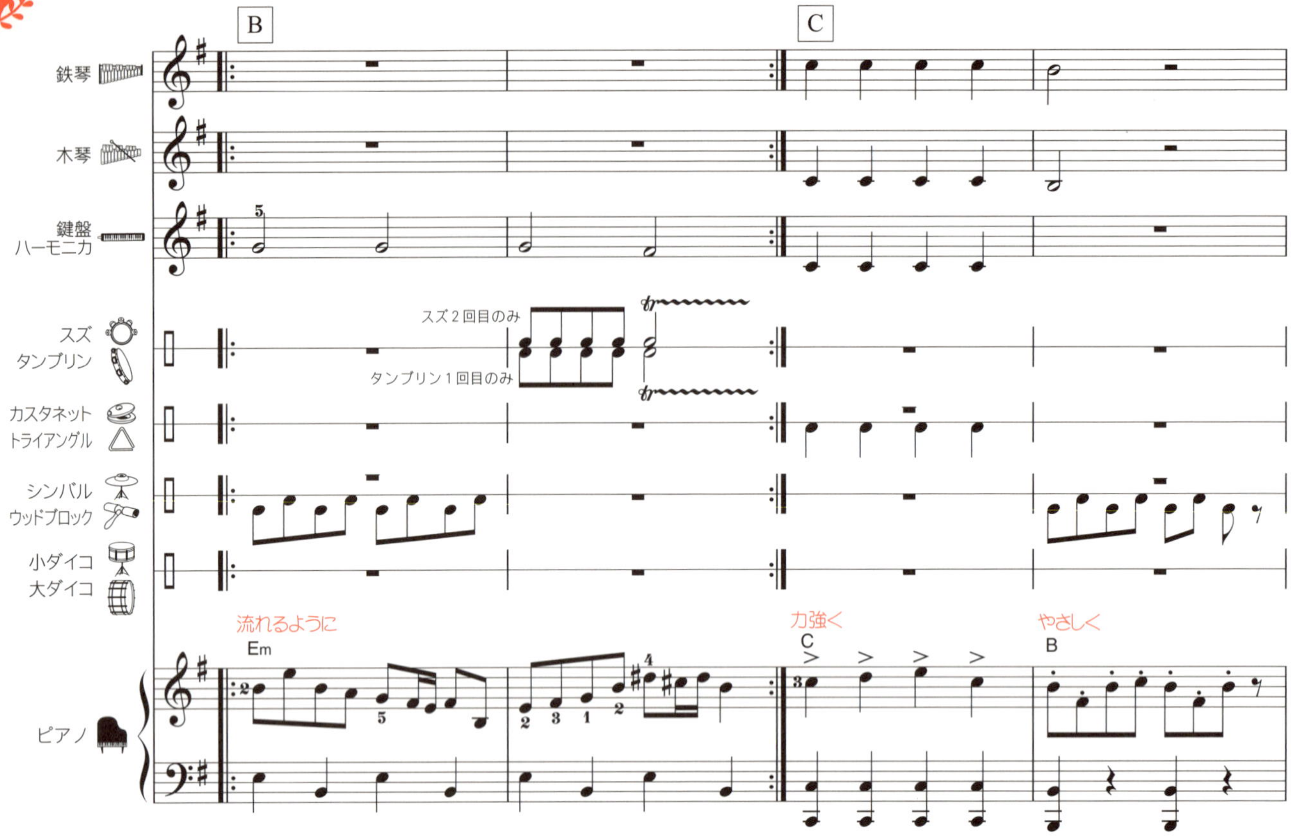


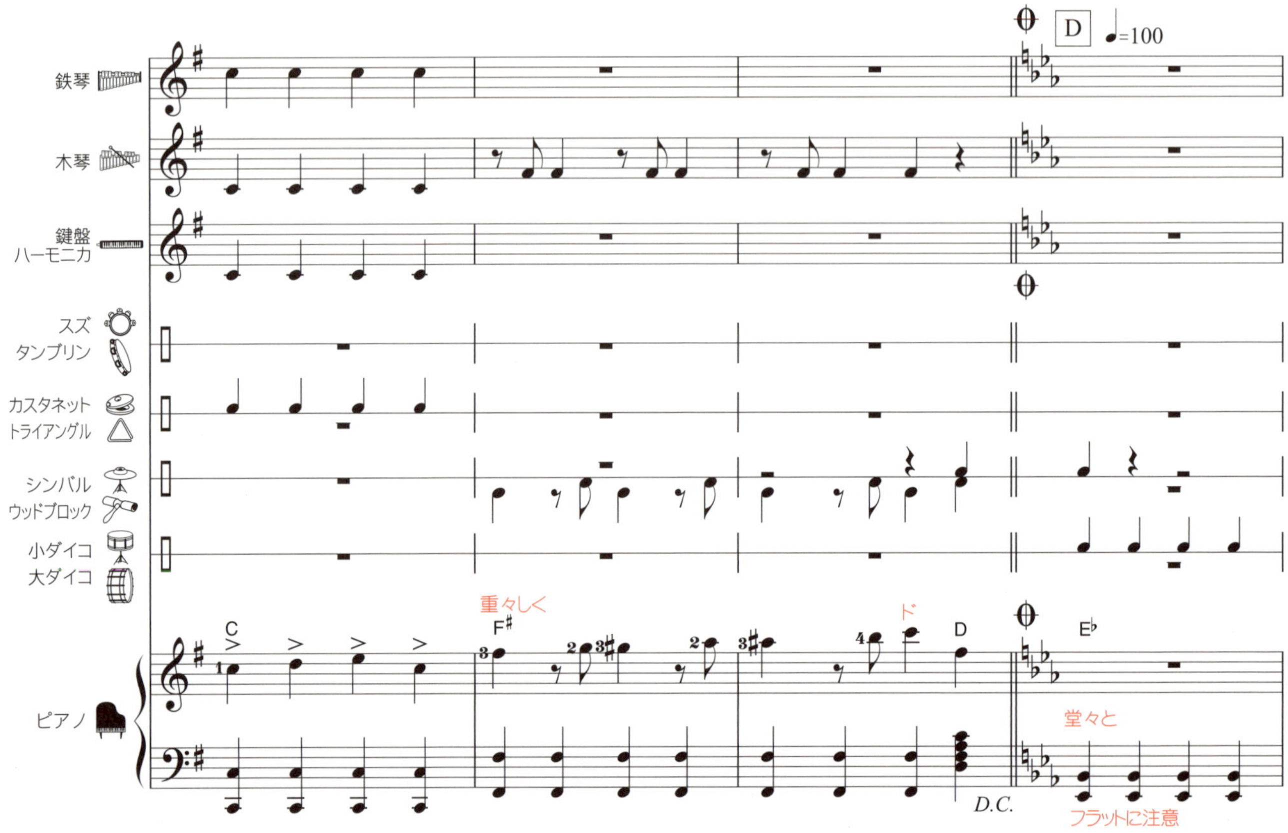


5 歳児 カルメン序曲 2/5 CD 29

カルメン序曲 (3/5)

1拍目強調して
鉄琴
木琴
鍵盤ハーモニカ
スズ
タンブリン
カスタネット
トライアングル
シンバル
ウッドブロック
小ダイコ
大ダイコ
ピアノ
激しく
G
G+5
C
Em7/D
D7
落ち着いて
ミ
レ

F
♩=104
鉄琴
木琴
鍵盤ハーモニカ
スズ
タンブリン
カスタネット
トライアングル
シンバル
ウッドブロック
小ダイコ
大ダイコ
シンバル力強く
弾んで元気に
G
C
ド
ミ
ピアノ

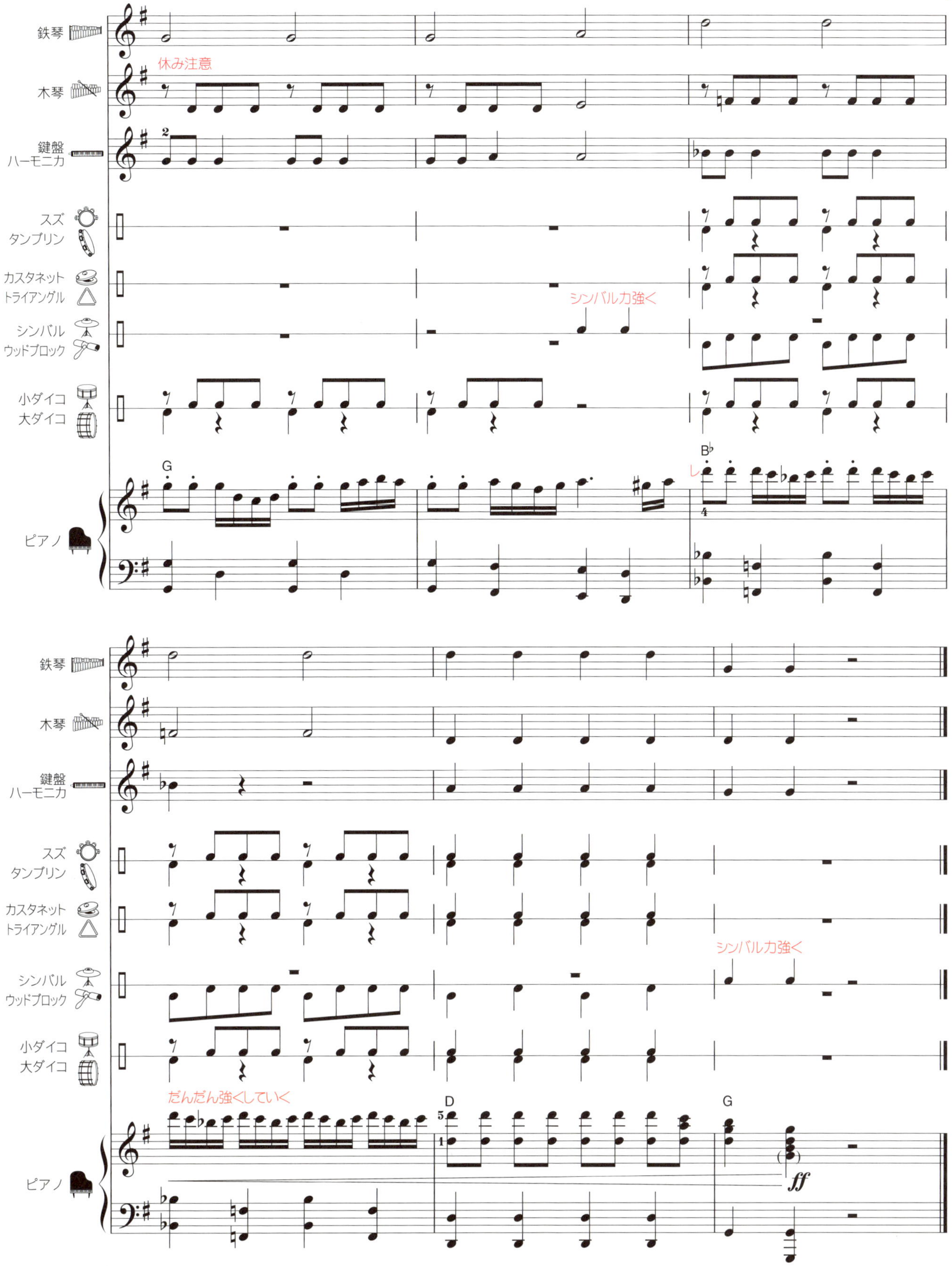


5歳児
カルメン序曲 5/5
CD 29

# 楽器の使い方

子どもたちが楽しくいきいきとよい音で演奏できるように楽器の正しい使い方を知っておきましょう

## スズ

### 持ち方
- 左手で輪をつかむ感じで持ちます。
- 人数が少なく、ひとりで2つ持つ場合は、左手に2つ持ちましょう。

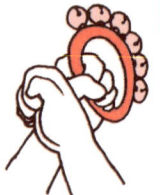

### 打ち方
- 右手をグーにして、左手首を打ちます。このとき、打楽器を持ったほうの手は動かさないのが基本です。

### 別の打ち方
- トリル（本書では、主として、打楽器を細かく揺らす奏法）のときも、左手に持って振ります。長く振るときは、右手で持ってもよいでしょう。

## カスタネット

### 持ち方
- 左手のひとさし指、または中指を、ゴムひもの"輪"に差し入れ、手の平に安定させます。

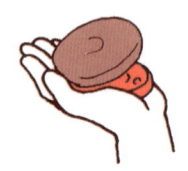

### 打ち方
- 右手はピアノを弾くときのように、指先を軽く曲げて打ちます。右手首に力が入りすぎないようにしましょう。打楽器を持ったほうの手は動かさないのが基本です。

## タンブリン

### 持ち方
- 左手で枠を、親指で鼓面を押さえるようにしっかり持ちます。

### 打ち方
- 右手はピアノを弾くときのように、指先を軽く丸めて打ちます。このとき、左手は水平に持ち、動かさないようにします。

### 別の打ち方
- 右手の指先を伸ばして枠を打ち、弱い音を出す「枠打ち」という奏法もあります。
- 枠に付いているスズの振音だけを鳴らすトリル奏法には、Ⓐ左手首を細かく回す、Ⓑ右手の親指の先で鼓面をこする、この2つがあります。

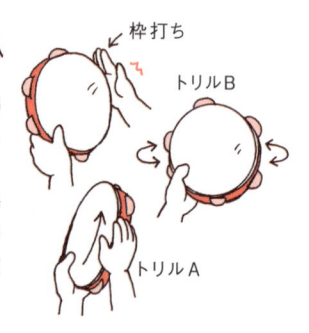

枠打ち
トリルB
トリルA

## トライアングル

### 持ち方
- ひも（細いじょうぶなもの）で輪を作り、その中に左手の親指とひとさし指を入れてぶら下げます（専用の物があるときは、それを使ってください）。楽器を直接握らないようにしましょう。音が響きません。
- 打つ棒は、右手で軽く握ります。

### 打ち方
- 三角形の底辺を内側から軽く打つのが基本ですが、斜辺の部分を外側から打ってもよいです。
- 打つとき、角度が直角になるように留意します。また、左手は動かさないようにします。

### 別の打ち方
- トリル（ここでは小刻みにたたく奏法）のときは、三角形の二辺の内側の隅を軽くすばやく往復させます。

### 止め方
- 音を止めるときは、左手の残りの指で、楽器の上部を軽く握るようにします。

## シンバル

**持ち方**
・幼児の場合、スタンドに立てて腰の高さにセットします。スタンドがない場合は左手でつり皮を下げます。

**打ち方**
・小ダイコのばちでふちを打つのがよいでしょう。そのとき、左手はなるべく動かさないようにします。

**止め方**
・空いているほうの手で握って音を止めます。

## ウッドブロック

**持ち方**
・左手で楽器をしっかり持ちます。

**打ち方**
・左手は動かさないで右手でバチを持って打ちます。
・左右に高低の音があります。

## ウィンドチャイム

**鳴らし方**
・金属の棒で表面をなでるようにします。

**止め方**
・演奏を止めるときはクッションの付いた棒で音を止めます。

## 小太鼓

**持ち方**
・まず鼓面を子どもの腰の高さに水平にセットしてから、それをやや右に傾けます。
・幼児のばちの持ち方は、中ほどを上から軽く持ち、「ハ」の字に構えます。

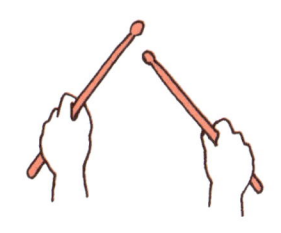

**打ち方**
・2本のばちで左右交互に打ちます。
・2本のばちを同時に打ってはいけません。
・幼児は、1本のばちだけで打つのがよいでしょう。

## 大太鼓

**持ち方**
・バチは中ほどを持ちます。

**打ち方**
・真ん中より枠に近い方を斜め上からすりおろし、すり上げして打つのが正しい打ち方です。

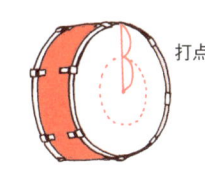

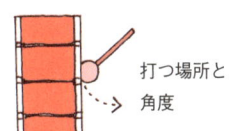

打点

打つ場所と角度

**別の打ち方**
・幼児には難しいので、やや斜め上から軽く打たせる程度でもよいでしょう。または鼓面に対しほぼ直角に打ってもよいでしょう。

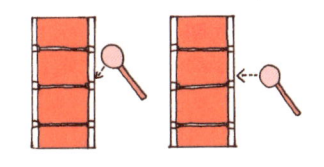

## 鉄琴

### 持ち方
- 高さは子どもの腰の位置にします（足台などで調整）。バチは中ほどを軽く持ち、2本を使う場合「ハ」の字に構えますが、1本でも十分です。

### 打ち方
- ふつう、右手のばちだけを使います。左手はその場合、音を止める役割です。
- 速いリズムはオクターブなどのときは両手です。
- 押さえ込まず、はじいて打つようにします。

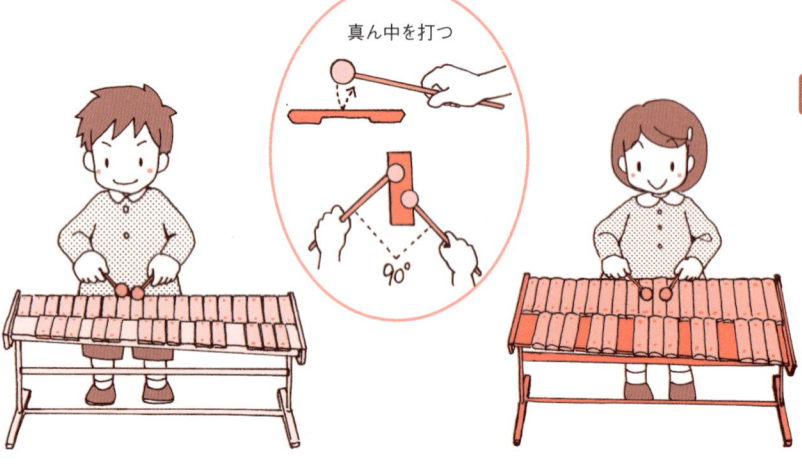

## 木琴

### 持ち方
- 高さは腰の位置になるようにしましょう（足台などで調整）。
- ばちの中ほどを親指とひとさし指で持ち、残りの指と手のひらで軽く支えます。
- ばちの角度は左右が直角になるように構えます。

### 打ち方
- 交互打ちします（どちらの手からでもよいです）。交互打ちが難しいときは片手だけで打ってもよいでしょう。
- 押さえ込まず、はじいて打つようにします。

真ん中を打つ

90°

## 鍵盤ハーモニカ

### 持ち方
- 唄口は、半分くわえます。くわえすぎないようにしましょう。
- 笛のように縦に持って演奏する場合と、机の上に置いて、唄口に長い管を付けて演奏する場合があります。
- 縦に持つときは、裏側にベルトが付いていますので、左手を入れてぐらぐらしないようにしっかり持ちましょう。

### 弾き方
- 同じ音が連結する場合、舌の先を使って「tutu」と音を切ると（タンギング）、音がはっきりし、指をいちいち押さえなくてもよいのです。

tutu tutu

**編著者**

# 佐藤千賀子
(さとうちかこ)

道灌山学園保育福祉専門学校専任講師
幼児音楽専門講師として、園での子どもたちへの直接指導や、保育者対象の講習会を行っている。

主な編著書：『年齢別 2〜5歳児 合奏楽譜百科』
　　　　　　（ひかりのくに）

## STAFF

- 楽譜浄書・DTP協力／福田楽譜
- 本文デザイン／株式会社桜風舎
- 本文イラスト／もり谷ゆみ・いわいざこまゆ
- CD制作・録音／株式会社フォンテック
- 録音data／2012.6.15 (Studio SHIMIZU)
- 企画・編集／長田亜里沙・安藤憲志
- 校正／堀田浩之

※本書は、『月刊 保育とカリキュラム』2012年11月号別冊附録を単行本化したものです。

本書のコピー、スキャン、デジタル化等の無断複製は著作権法上での例外を除き禁じられています。本書を代行業者等の第三者に依頼してスキャンやデジタル化することは、たとえ個人や家庭内の利用であっても著作権法上認められておりません。

保カリBOOKS㉖
カラピアノCDつき　2〜5歳児

## よりすぐり名曲 合奏楽譜集
〜定番のあのクラシックと童謡で！〜

2013年9月　初版発行
2016年9月　5版発行

編著者　佐藤千賀子
発行人　岡本 功
発行所　ひかりのくに株式会社
　〒543-0001　大阪市天王寺区上本町3-2-14
　TEL06-6768-1155　郵便振替00920-2-118855
　〒175-0082　東京都板橋区高島平6-1-1
　TEL03-3979-3112　郵便振替00150-0-30666
　ホームページアドレス　http://www.hikarinokuni.co.jp
印刷所　大日本印刷株式会社

©2013　乱丁、落丁はお取り替えいたします。　Printed in Japan
JASRAC 出1308604-605
ISBN978-4-564-60834-6
NDC376　112P　26×21cm

# コードの基本と本書に出てくるコード一覧

楽譜についているコードは、曲をアレンジしたり、かんたんに弾くときにも使えます。

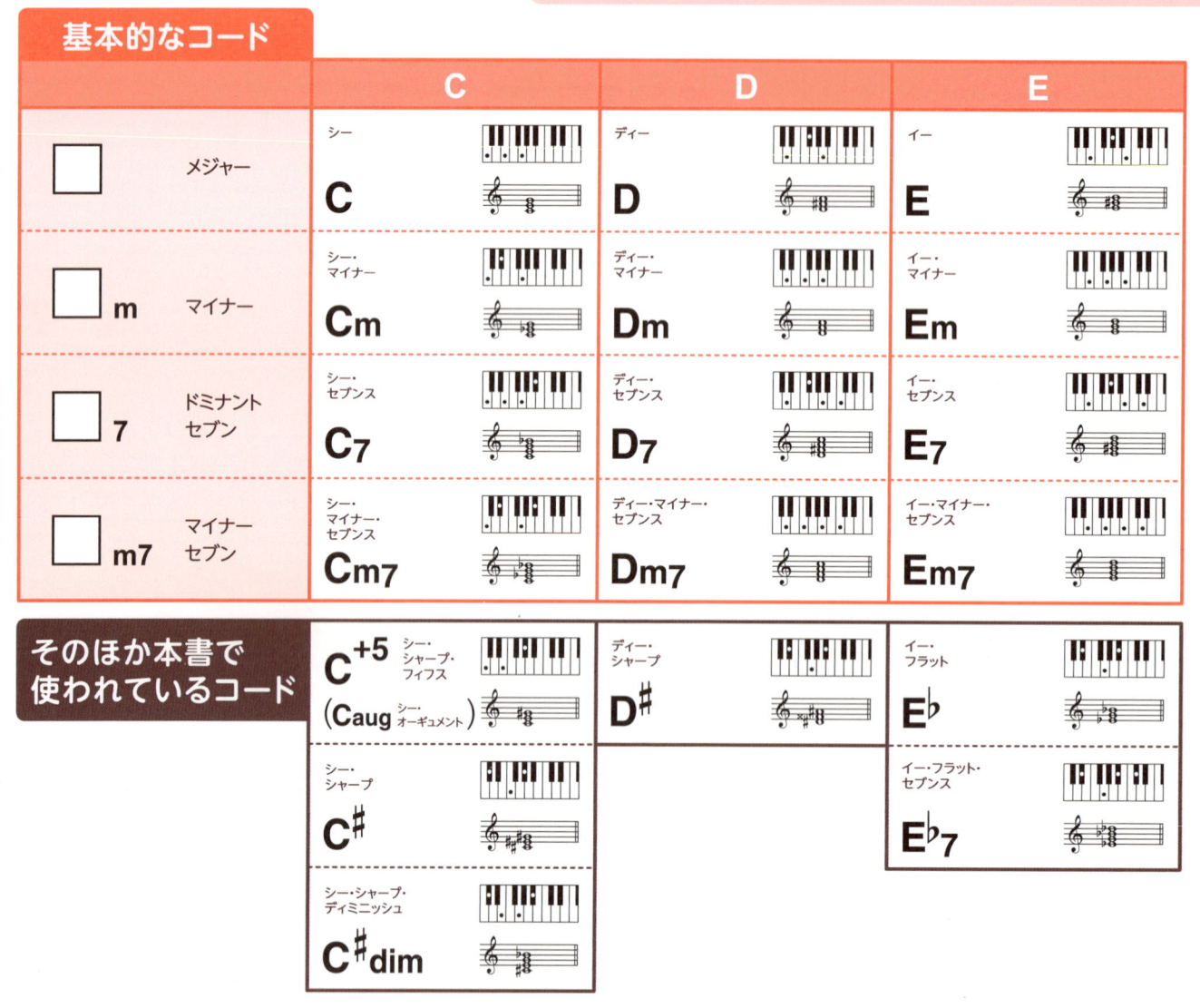

**コードとは？** まず、音名を英語読みすると下記のようになります。

音名：C D E F G A B

下記の音を3音ずつ重ねたものが和音です。

和音名：C Dm Em F G Am Bm$^{-5}$

## 基本的なコード

| | | C | D | E |
|---|---|---|---|---|
| ☐ | メジャー | シー **C** | ディー **D** | イー **E** |
| ☐ m | マイナー | シー・マイナー **Cm** | ディー・マイナー **Dm** | イー・マイナー **Em** |
| ☐ 7 | ドミナントセブン | シー・セブンス **C7** | ディー・セブンス **D7** | イー・セブンス **E7** |
| ☐ m7 | マイナーセブン | シー・マイナー・セブンス **Cm7** | ディー・マイナー・セブンス **Dm7** | イー・マイナー・セブンス **Em7** |

## そのほか本書で使われているコード

- シー・シャープ・フィフス **C$^{+5}$** (**Caug** シー・オーギュメント)
- シー・シャープ **C#**
- シー・シャープ・ディミニッシュ **C#dim**
- ディー・シャープ **D#**
- イー・フラット **E♭**
- イー・フラット・セブンス **E♭7**